한국의 인터넷을 論하다

–포털, 이용환경 그리고 규제–

한국의 인터넷을 論하다

–포털, 이용환경 그리고 규제–

권헌영 · 배 영
홍승희 · 황성기

서울경제경영

한국의 인터넷을 論하다

–포털, 이용환경 그리고 규제–

초판인쇄 | 2008년 12월 20일
초판발행 | 2008년 12월 26일

지 은 이 | 권헌영 · 배 영 · 홍승희 · 황성기
발 행 인 | 김은중
발 행 처 | 서울경제경영출판사
편집디자인 | 우일미디어

주 소 | 120-808 서울특별시 서대문구 대현동 67-5 대현빌딩 6층
전 화 | (02)313-2682
팩 스 | (02)313-8860
등 록 | 1998년 1월 22일 제5-63호

ISBN 978-89-88106-51-8 93300 **정가** 12,000원

파본은 바꾸어 드립니다.

차 례

Chapter 03

한국에서의 인터넷 규제: 쿼바디스 인터넷? 77

: 포털 규제를 통해서 본 한국 인터넷 규제의 현재 그리고 미래

prologue

한국 인터넷 어제, 오늘 그리고…

권헌영
광운대 법학과 교수

인터넷이 한국인의 삶을 변화시키기 시작한 지 10여 년이 지났다. 숨가쁘게 달려온 한국 인터넷은 초기에는 음란동영상, 게임 중독, 사생활이나 개인정보 침해, 명예훼손 등으로 사회적 물의를 일으키기도 하였고 인터넷벤처기업의 약진과 더불어 지식경제 시대의 새로운 성장 동력으로 인정받는 영광을 차지하기도 하였다.

한국인의 가슴을 시원하게 풀어주었던 월드컵의 해, 2002년은 인터넷이 한국 사회에 어떤 영향을 끼칠 수 있는지 더욱 실감나게 해 주었다. 미군장갑차 사건에 대응하는 네티즌들의 활동이 사회적 반향을 크게 일으켰고, 이후 그 해 대통령 선거에서도 인터넷의 영향력이 검증되었다. 그로부터 5년이 지난 2007년 대선까지 수차례의 선거에서 인터넷의 영향력은 무시할 수 없는 변화의 동력으로 작용하였다.

2008년 이명박 정부 출범 이후, 미국산쇠고기수입반대와 관련하여 온 나라가 인터넷에 대한 논란의 소용돌이에 빠지기도 했다. 이러한 논의는 이제 신문의 칼럼이나 방송의 토론프로그램의 주제에서 그치지 않고, 새 정부와 새 국회에서 본격적으로 다루어지기까지 하고 있다.

10년 만에 이 만큼 보여줬다면, 인터넷은 우리사회가 경험한 그 어떤 매체보다도 짧은 기간에 모든 한국인에게 강력한 영향을 끼친 경이로운 매체라고까지 할 만하다. 인터넷기술을 개발한 미국도 놀라고, 세계적 전문가와 기업인 모두가 놀라고, 우리 스스로도 놀라서 어쩔 줄 몰라 하는 인터넷이 여전히 우리 일상생활을 온통 지배하고 있다. 독자 여러분 중에서 해외 여행을 다녀보신 분이라면, 어떤 선진국에 가서도 인터넷 사용의 불편으로 인해 고국이 그리웠던 분이 있었으리라! 이만하면 성공이라 할 만하다. 앞으로야 어찌 되었건 한국인의 정보화는, 한국인의 산업화와 한국인의 민주화와 함께, 일단 성공한 것이다.

그런데 우리는 지난 10여 년 동안 인터넷을 이용하면서 여러 가지 궁금증을 갖게 되었다. 인터넷 속에서 나타나는 사회현상을 바라보면서, 또 인터넷이 우리 사회에 미치는 영향을 탐구하면서, 그리고 인터넷 정책과 법제를 연구하면서 우리의 궁금증은 매우 다양하게 더욱 깊어만 갔다. 그러면서 이번 작업에 참여한 연구자들이 느낀 가장 큰 고민은 인터넷이 미치는 사회적 영향과 인터넷 속의 세상이 어떤 모습인지를 아직 곰곰이 그리고 속속들이 살피지 못하고 있다는 것이었다. 그럼에도 불구하고, 뭔가 그 때에 적합한 답을 내 놓아야 하는 어려움을 우리 각자는 갖고 있었다. 그도 그럴 것이, 우리는 지난 10여 년간 인터넷의 변화를 따라가기에도 벅찼다. 그만큼 한국 인터넷은 한국인의 특성을 닮았다. 변화무쌍하고, 신바람 나고, 짜릿하기까지 한 인터넷의 역동성은 압축적 성장의 젊은 국가 대한민국하고도 무척이나 닮았다. 우리의 고민은 마치 현대 한국사(의 역대 대통령)에 대한 역사적 평가를 내려야 하는 역사학자들의 고충과도 비슷한 일일 것이다. 젊은 대한민국도 자라고 있고 인터넷도 자라고 있다. 이제 대한민국이나 인터넷이나 성장기인 사춘기에서 벗어나 좀 더 성숙해지기 위해 숙고의 시간이 필요하다.

한편, 이러한 고민들을 여기 필자들이 각자의 연구 분야에서 하고 있던 차에, 같은 고민을 하는 이가 또 있음을 알게 되었다. 인터넷에 대한 궁금증은 인터넷문화를 비즈니스의 핵심역량으로 삼는 기업이나, 인터넷에 대한 적절한 진흥과 규제를 하여야 하는 정부나, 인터넷의 정치적 영향을 실감하고 있는 현실정치인이나 모두 막연하게 하고 있는 것이었다. 그 중에서도 가장 현실적 고민을 떠안은 이들은 인터넷과 관련한 사회현상에 어떤 모습으로든지 공적인 대응 방안을 마련하여야 하는 정책연구자들이다. 정책연구자들은 대응방안을 마련할 것을 요구받지만, 인터넷이 한국인과 한국사회에 어떤 영향을 주고받는지에 대한 깊이 있는 성찰적 연구를 할 기회는 충분히 갖지 못하였던 것이다. 이것이 바로 우리가 '인터넷 정책 연구그룹(인정연)' 을 결성하게 된 계기가 되었다.

이처럼 인정연의 출발은 '인터넷 정책' 의 합리성과 타당성에 대한 반성이다. 그리하여 우리는 이제 10여 년이라는 한국 인터넷의 역사를 돌아보고 객관적으로 인터넷과 한국인, 그리고 한국사회를 살펴볼 필요성에 공감하였다. 우선적으로 우리가 살피기로 한 것은 역시 정책연구자로서의 경험을 살려서 인터넷 규제와 법제정책을 검토하는 것이었다. 물론, 우리의 분석대상에는 규제정책에 영향을 끼친 한국 인터넷문화의 특성도 포함되었다. 이런 영향은 우리가 모임을 시작한 2007년 여름부터 인터넷 정책, 특히 규제정책에 관한 사회적 논의가 매우 거세게 제기된 데에 기인하기도 한다. 아마도 이런 사회적 논의는 2007년 대선, 2008년 총선과 깊은 관계가 있었을 테지만 우리의 고민을 해소하기 위한 출발로서도 좋은 주제였기 때문에 인정연에서도 자연스럽게 받아들여졌다.

인정연은 열린 연구모임을 표방하고 있다. 많은 연구진이 앞으로 인정연에 지혜와 노력을 보태겠지만 2007년부터 우리가 논의하는 데 참여한 이들은 사회학자 배영 교수(숭실대)와 헌법학자 황성기 교수(한양대), 형법학자 홍승희 교수(원광대) 그리고 행정법학자 권헌영 교수(광운대)이다.

우리의 논의는 2007년부터 틈 나는 대로 이어졌다. 우리가 한국 인터넷을 논의하는 동안에도 한국 인터넷에는 새로운 변화가 계속 생겨났다. 2007년도에 중앙선거관리위원회의 대선 UCC 규제논란, 인터넷 실명제 논란, 2008년도의 미국산 쇠고기 수입반대 파동과 인터넷 포털규제강화 논란, 인터넷 사업자 책임 관련 판례 등 인터넷 정책과 관련한 논의는 지금도 현재 진행형이다. 아니 더욱 많은 논의가 생성되고 있고 앞으로도 그럴 것이다. 곧 전 국민이 네티즌이 될 것이라는 것을 생각하면 너무나 당연한 일이 아닌가.

이러한 논의를 전개하는 동안, 우리는 가슴이 더욱 답답해지는 현상을 겪었다. 인터넷에 대한 관심은 어느 때보다 높아졌는데도 불구하고, 인터넷을 참으로 이해하고 인터넷을 모든 한국인의 것으로 만들려고 하는 노력은 점점 더 잦아드는 것 같은 느낌을 받았기 때문이다. 그야말로 '진정한 소통' 의 부재를 느낀 우리 연구진들은 우리들의 논의가 궁금증을 해결하는 것에서 더 나아가 '인터넷에 관한 한국인의 이해와 소통' 을 위하여 소용이 닿았으면 하는 바람을 갖게 되었다.

이 글은 우리의 이런 소박한 생각을 나름대로의 연구 분야에서 정리한 것이다. 이 글에서 우리가 말하고자 하는 것은 '인터넷을 있는 그대로 이해하고', '인터넷의 유익과 해악을 과학적 · 합리적으로 분별하여', '한국인과 한국사회의 미래에 꼭 필요한 매체' 로 만들자는 것이다.

이제 우리 연구진들의 이야기를 조금 풀어나가 보자. 우리는 인터넷주의자들이다. 우리는 '인터넷주의' 나 '인터넷주의자' 라는 말이 무엇을 의미하는지 또는 무엇을 의미하여야 하는지 충분히 공감하기 시작하면서 서서히 인터넷주의자가 되었다. 1995년을 전후하여 원시적(?)인 모뎀 접속으로 인터넷을 어렵사리 이용했던 전문가(?)급 네티즌(누리꾼)들은 물론, 매일 인터넷에서 게임을 하든, 블로깅을 하든, 검색을 하든, 펌질을 하든, 쇼핑을 하든, 뱅킹을 하든, 인터넷을 삶 속에 받아들이고 있는 이들은 잠재적 인터넷주의자들이다. 인터넷이 주의, 주장이나 이념적 지향을 갖고 있는지 또는 그래야 하는지에 대해서는 아직도 공부가 더 필요할 것이지만, 우리가 인터넷주의자라는 데 공감하는 것은 인터넷이 이미 우리 삶에서 없어서는 안 될 요소가 되었으며 더불어 그 이상의 가능성과 잠재력을 갖고 있기 때문이다. 이 말을 이해하지 못하는 이가 있다면 '인터넷 세대' 를 이해할 준비가 안 되어 있는 '꼰대' 라고 스스로 인정하시라.

우리들은 모두 지난 10년간 어떤 모습으로든지 인터넷의 발전과정을 보아왔다. 지난 10년간 인터넷이 우리 사회에 미치는 영향을 정책적 · 사회적 · 문화적으로 살펴본 우리들은 묘한 혼동에 빠지고 말았다. 미국에서 발명한 이 서비스가 점점 자라나고, 우리나라에 들어와서 사람들을 매료시켜 가는 과정을, 공급자적 관점에서 바라본 우리는 나름대로 인터넷에 대한 애착을 갖고 있었다. 그리고 인터넷에 관한 한 어떤 이름 모를 묘한 자신감을 갖고 있었던 것도 사실이다.

그러나 인터넷은 단순한 발명품이 아니란 점이 중요하다. 한국 인터넷은 10년 동안 자라나더니 이젠 키워주지 않아도 될 정도가 되었다. 아직 제대로 성장하려면 균형 있는 영양섭취와 적절한 운동이 필요한 상황이긴 하지만, 상당한 수준으로 자라났다. 이 겉자란 인터넷이 한국사회의 뜨거운 감자가 되고 있다. 특히, 우리가 한국 사회의 인터넷에 관심을 제대로 기울여보자고 결심한 때인 2007년 전후로는 정치적 · 산업적 · 문화적 · 사회적 관점에서, 특히 정치적으로 이 문제에 대한 논의가 크게 일어났다.

우리사회에서 인터넷에 관한 다양한 의견이 제기되고 있는 속내 깊은 이유야 어떻든, 우리 연구진들은 인터넷과 한국사회에 대한 나름대로의 분석을 해보기로 마음먹었다. 우리는 주로 정책과 사회문화를 연구주제로 다뤄온 연구자들의 모임으로, 자연스레 인터넷과 한국사회의 영향을 규제 변천과 사회적 논의(norm)의 전개과정의 관점에서 살펴보게 되었다.

우리 연구진들은 네티즌들에게 많이 놀랐다. 그들은 너무나 인터넷을 창의적으로 잘 활용하고 있어서 우리를 놀라게 했고, 그럼에도 불구하고 인터넷이 무엇인지 또 어떻게 자라왔는지에 대해 몰랐고 관심도 없다는 데서 우리를 놀라게 했다. 이것은 마치 인간이 스스로에 대해 궁금해 하지 않는 것과 같고, 피땀 흘린 민주주의 근대혁명을 전혀 이해하지 못한 채 하루하루를 무의미하게 지내는 '시티즌'(이른 바 현대 국가의 '시민')과 같다는 것을 우리는 깨달았다.

생각해보니 인터넷을 우리나라에 소개하고, 이용하게 하는 데만 급급하였던 공급자들인 우리들의 문제였다. 우리는 '시티즌'도, '네티즌'도 제대로 키워(?)본 적이 없는 사람들이었다. 이른바 '시티즌'이나 '네티즌'이 누군가를 위한 조작적 대상으로만 규정되어 있고, 제대로 양육되지 못하고 있다면 진정한 '민주주의'나 '인터넷주의'는 어불성설이란 것을 우리는 깨달았다.

우리는 오늘 한국 인터넷을 알아보기 위해 인터넷이 무엇인지를 잘 살펴 알려야 함을 뼈저리게 느꼈다. 그리고 어떤 과정을 거쳐 인터넷이 우리들의 삶 속에 자리를 잡게 되었는지를 살피고 오늘날의 논의가 어떤 자리에 있는지를 하나하나 살펴보기로 하였다. 우리의 논의는 자연스럽게 '인터넷주의'의 이상과 '인터넷주의자'의 오늘에 맞닿았다.

이런 관점에서 우리의 이야기는 다음과 같이 전개되었다. 배영 교수는 인터넷과 한국사회의 관계를 포괄적으로 살피는 논의를 전개해 주었다. 사회학의 방법론으로 오랜 기간 동안 인터넷과 한국사회를 분석한 배 교수의 논의는 한국 인터넷 10여 년의 역사를 알기 쉽게 연결하고 있다. 특히, 인터넷 규제 논란의 중심에 서 있는 포털서비스의 진화과정과 트렌드를 잘 살펴주고 있다. 배 교수의 논의 속에서 우리는 인터넷에서 포털사업자의 지위가 어떻게 자리매김을 하는지 그리고 네티즌과 인터넷 콘텐츠는 앞으로 어떤 방향성을 지니게 될 것인지에 대해 생각하게 되었다. 더구나 새로운 정책적 패러다임으로서의 네티즌의 중요성을 인터넷의 기본정신과 더불어 재확인할 수 있었다.

이어서 황성기 교수는 인터넷 규제에 관한 법리적 논의를 알기 쉽게 분석하여 주었다. 헌법학자인 황교수는 인터넷을 한국인에게 잘 어울리는 표현매체로 인식하고 '사상의 자유시장' 을 옹호하는 데 더 없이 좋은 기회로 발전시키기를 희망한다. 이미 과거 전기통신법 상 인터넷 내용규제 정책의 핵심 내용인 '불온통신' 의 위헌 결정에 큰 역할을 담당하였던 황교수는 인터넷 사업자에 대한 규제입법에 대한 분석과 판례 분석을 통하여 입법 및 행정은 물론 사법부까지 우리 국가권력이 인터넷에 어떤 대응을 하고 있는지를 극명하게 분석하여 인터넷 규제에 대한 생각의 단초를 제공하고 있다.

행정법학자인 권헌영 교수는 인터넷에 대한 역사적 고찰을 통해 인터넷에 대한 이해를 높이는 한편, 규제의 대상이 되는 인터넷을 법리적으로 어떻게 파악하여야 하는지를 짚어내고 있다. 권교수는 우리나라가 인터넷 규제정책을 어떤 근거에 따라 어떤 방식으로 전개하여 왔는지를 법제연혁에 따라 분석하고 그 결과를 토대로 인터넷 규제 정책의 기본 원칙을 몇 가지 제시하고 있다. 특히, 인터넷의 기본 정신과 행정규제의 일반원칙을 잘 조화하면서 합리적 규제정책의 수립을 강조한다.

마지막으로 형법학자인 홍승희 교수는 인터넷에 관한 규제 중 가장 강력한 수단(형벌)의 대상인 '인터넷 범죄' 를 다루었다. 인터넷이라고 하는 새로운 환경에서 범죄는 어떻게 취급받고 있는가를 살펴서 네티즌들이 처한 범죄환경을 이해하기 쉽게 정리해 주었다. 아울러, 이러한 범죄정책을 설정할 경우 인터넷의 특성을 파악하지 못하고 처벌 위주로 진행해 온 인터넷 정책을 비판적으로 살핀 후 향후의 범죄정책 설정 시 그 정당성을 확보하는 것의 중요성을 강조하고 있다.

우리는 인터넷주의자로서 인터넷을 사랑하는 이들을 위하여, 그리고 우리나라의 '인터넷주의'를 옹호하고 지지하는 이들을 위하여 이 글을 짓는다. 우리는 이 글을 읽는 이들이 인류가 발명한 어떤 서비스보다 더 인간스러운 인터넷이, 그 뜻에 따라 더욱 인간스럽게 성장하도록 하는 데 자신의 뜻과 행동을 주저 없이 펴 나가길 진정으로 기원한다.

신은 세상과 인류를 창조하였지만, 인간은 인터넷을 발명하였다. 그러나 신도 인간도 그 피조물을 완전히 장악하지는 못한다. 모두 피조물에 생명을 불어 넣었기 때문이다. 인터넷에 생명을 불어 넣을 것인가? 그것은 인간인 우리가 결정할 문제이다.

한국의
인터넷을 論하다

Chapter

01

인터넷과 한국사회

:::::: 인터넷 포털서비스를 중심으로

배 영
숭실대학교 정보사회학과

I

인터넷, 도구에서 환경으로

仄 우리 사회에서, 그리고 현대를 살아가는 개인들에게 인터넷이 없는 삶은 어떤 모습일까? 물론 본격적인 인터넷의 이용이 이루어진 것이 10여 년 남짓 밖에 되지 않는다는 점을 고려한다면 예전처럼 '그냥 그렇게' 살아가는 근거도 충분할 수 있다. 하지만 쉽지는 않을 것이다. 하루 3천만 명이 인터넷에 접속하는 한국사회가 다른 사회에 비해 유독 특이한 사회라는 점도 작용하겠지만 이제 인터넷은 의식주와 더불어 기본적인 사회생활을 가능하게 하는 또 하나의 요소로 자리를 잡았기 때문이다.

영국 일간지 인디펜던트 인터넷판(2006년 8월 7일)이 "21세기를 위한 50가지 위대한 아이디어"를 선정하여 발표한 바가 있었는데, 그 안에는 포털사이트 구글, 길 안내 네비게이션, 경매 사이트 이베이, 이메일 서비스인 핫메일닷컴, 싸이월드와 같은 성격이라고 할 수 있는 마이 스페이스 닷컴 등이 일상생활을 변화시킬 수 있는 발명품과 개념들로써 소개되었다. 서구의 기준에서 선정되었기에 우리 상황과는 세부적으로 차이를 보이는 측면들이 존재하겠지만 중요한 점은 인터넷이 우리의 일상과 매우 밀접한 관계 속에서 기능하고 있으며 이러한 현상은 점점 심화될 것이라는 점이다.

물론 개인에 따라 인터넷에 대한 의미 규정이나 의존의 정도는 달라진다. 요즘의 어린이들은 날 때부터 인터넷이 존재했고, 인터넷을 통해 사회화를 경험하고 있는데, 아이들이 학교나 학원에서 돌아오면서 가장 많이 하는 얘기가 "나 인터넷 해도 돼?"이다. 기성세대가 비슷한 상황 속에서 얘기했던 "나 밖에서 친구들하고 놀다와도 돼?"와 다를 것이 없다. 달라진 것이라면 물리적인 만남이 얼굴을 맞대고 직접적으로 이루어지는가 아니면 컴퓨터를 매개로 만나고 있는 차이라고나 할까? 반면 필요를 못 느끼기 때문에 혹은 필요는 느끼지만 여러 가지 사회적 제약 때문에 인터넷 이용을 경험해보지 못한 어르신들도 있다. 예전과 비교하면 숫자가 많이 줄어들었지만 인터넷 없이도 넉넉하게 일상을 꾸리고 있는 숫자가 천오백만 명은 된다. 이렇듯 인터넷을 이용하는 정도나 인터넷을 바라보는 시각은 우리 사회 속에 다양한 스펙트럼으로 존재한다. 기성세대가 급속하게 발전하는 정보기술을 따라가기에 버거웠다면 우리의 아이들은 그 속에서 자연스러운 이용을 통해 기술과 문화를 익히고 생활하고 있다. 그들에게는 온라인과 오프라인의 구분이 사실상 큰 의미가 없어 보인다.

인터넷이 미치는 영향은 제도나 관습에 기반한 사회의 구성원리나 운영 방식에서부터 개인들의 삶의 양식에 이르기까지 그 폭과 정도는 커지고 있는 상황이다. 취업이나 대학입시에 있어서 지원서류의 제출이나 관공서의 각종 민원도 이미 인터넷을 통한 처리가 보편화되었다. 인터넷뱅킹이나 사이버 증권거래의 규모가 기존의 방식을 넘어선지 오래이고 온라인 쇼핑의 성장세는 현재도 꾸준하다.

더욱이 인터넷이 가져다 준 다양한 차원에서의 변화는 개인들의 일상적 삶과 가치관을 전면적으로 달라지게 하였다. 전통적인 사회의 개인들이 '변화하는 제도나 환경에 대해 어떻게 적응하고 수용할 것인가' 에 행위의 주안점이 놓여져 있었다면, 정보사회의 개인들은 향상된 정보 수집 능력을 기반으로 주요한 제도적 · 사회적 이슈에 대해 적극적이고 능동적인 행위자로서의 면모를 나타내고 있다. 개인들은 인터넷업체가 제공하는 서비스를 통해 엄청난 양의 지식과 정보를 갖추게 되었고 아울러 같은 필요(needs)에 의해 연결된 개인들은 조직에 대한 정보의 비대칭성을 상당부분 해소할 수 있게 되었다. 또한 다양한 커뮤니케이션을 기반으로 하여 사회참여도 다각화하게 되었고, 시장에서의 거래를 관장하는 능동적인 구매자로서의 모습도 나타나고 있다. 이렇듯 인터넷이 일반화되어 이용이 보편화된지 15년도 채 되지 않았지만 인터넷으로 인한 개인과 사회의 변화는 전면적으로 나타나고 있다.

이 글에서 필자는 우선 인터넷의 전반적인 지형을 살펴보고 인터넷이 갖는 의미를 사회 문화적인 배경 속에서 얘기하고자 한다. 온라인과 오프라인의 경계가 옅어지면서 두 영역 간의 끊임없는 상호작용 속에 개인은 살아간다. 인터넷 환경을 기반으로 사회적 삶이 이루어지고 있고, 인터넷을 매개로 한 사회적 활동들이 날로 다양화되고 있다. 도입 초기에 인터넷은 하나의 기술로써 편리하고 효율적인 삶을 위한 도구적 의미가 지배적이었다면, 현재의 인터넷은 도구적인 역할과 함께 개인들의 삶이 영위되는 기본적 환경으로서의 역할이 점점 더 커지고 있다. 도구로서의 인터넷과 삶의 환경으로서의 인터넷은 그 의미와 영향이 달라질 수밖에 없는 것이다.

이제까지 인터넷과 관련한 주요 논의들이 기술적 측면에서의 효율성이나 물리적 환경, 그리고 새롭게 나타나는 부정적 측면을 막기 위한 규제논의에 집중되어있었기에 이 글에서는 도입초기에서 현재까지 인터넷의 궤적을 먼저 살펴보고 그 속에서 발견할 수 있는 주요한 경향들과 사회적 조건들을 논의해보고자 한다. '인터넷' 이라는, 어쩌면 범위를 정할 수 없는 대상의 모호함을 벗어나 보다 효과적인 논의를 도모하고자 인터넷 이용의 필수적인 요소가 된 포털서비스를 통해 인터넷 서비스의 주요 흐름을 살펴보고 그 함의를 따져 본 후, 인터넷 서비스의 중요한 두 가지 축이라고 할 수 있는 콘텐츠와 관계에 기반하여 우리 사회에서 나타난 주요한 트렌드를 정리하고 앞으로 보다 나은, 보다 건강한 인터넷 이용과 문화의 형성이 이루어지기 위한 조건들을 제시하고자 한다.

II

포털서비스를 중심으로 본 인터넷 서비스의 진화

1 포털의 진화

인터넷을 이용하면서 제일 먼저 마주하게 되는 것이 포털서비스이다. 사람들은 포털을 통해 메일을 주고 받고 커뮤니티 활동을 하며 자신의 블로그를 운영하고 다른 이들의 블로그를 방문하여 그들의 삶과 관심에 눈을 돌리기도 한다. 또 필요한 정보를 검색하고 주요한 사회적 쟁점에 대한 토론에 참여하며 그날 그날의 새로운 뉴스를 접하게 된다.

초기 인터넷 포털은 인터넷 이용의 시작단계로서의 의미가 우선이었다. 인터넷 이용을 위해 필수적이었던 넷스케이프(Netscape)와 같은 시작(Startup)페이지가, 관문으로써의 인터넷 포털의 의미에 가장 부합하는 모델이었다. 단순히 인터넷 접속과 다른 사이트로의 이동을 위해 필요했던 포털의 의미는 인터넷 이용이 대중화되기 시작한 1994년 최초의 웹브라우저인 모자이크(Mosaic)가 개발되고, 뒤이어 미국의 야후(Yahoo)가 검색엔진 및 디렉토리 서비스를 시작하면서 변화하게 된다. 이 시기 야후는 오늘날과 같은 포털의 진화과정에 있어 선도적인 역할을 했다고 볼 수 있는데, 1995년 8월 최초의 광고유치를 통해 상업화의 길을 걷게 된 이후 1997년 말부터는 이메일 서비스와 여행, 스포츠 정보 등을 제공하면서 회원제를 기반으로 다양한 서비스를 제공하였다. 때문에 현재 나타나고 있는 포털의 서비스가 본격적으로 시작된 것은 1998년경부터라고 할 수 있을 것이다. 이때에는 주로 무료 이메일 및 검색 서비스를 통해 가입자를 유치했고, 주요 수익모델은 일반 기업의 온라인 광고를 대행하는 것이었다. 이러한 인터넷 포털에 접속하기 위한 플랫폼은 PC가 유일했다.

국내의 경우에도 1997년 8월에 설립된 야후 코리아(Yahoo Korea)와 1997년 5월부터 무료 이메일 서비스를 제공하고 있던 한메일넷(다음), 1998년 2월 한글과 컴퓨터의 자회사로 설립된 네티앙 등이 국내 포털서비스의 선두주자라고 할 수 있다. 물론 이미 이전에도 심마니와 까치네 등의 국산 검색엔진과 알타비스타 코리아(Alta Vista Korea) 등 외국계 검색엔진이 진출해 있었으며, 천리안, 하이텔, 유니텔, 나우누리 등 기존의 PC통신 업체들도 웹을 통한 서비스를 이미 제공하고 있었으나 포털화 경쟁에서는 뒤쳐진 상황이었다. 특히 PC통신사들의 경우 기존에 많은 이용자를 가지고 있었음에도 불구하고 인터넷 기반으로 탈바꿈하는 데에는 많은 시간을 필요로 하였다.[1] 이는 접속기반 서비스를 바탕으로 강력한 포털구축에 성공한 미국의 에이오엘(AOL)과는 대조적인 면이다.

서비스 관련 기술의 급속한 발달과 인터넷을 통한 비즈니스의 영역이 확대되면서 인터넷 포털의 모습도 변화해 왔다. 1990년대 후반들어 인터넷 포털을 통한 온라인 광고의 효과성에 회의적인 시각이 생겨나고 기존의 소수 독점체제에서 많은 후발주자들의 시장참여로 인해 경쟁이 치열해지면서 생존경쟁을 위한 변화가 요구되기 시작하였다. 인터넷 포털들은 이러한 문제를 극복하기 위해 일부 서비스의 유료전환을 시도하였으며 새로운 콘텐츠 및 서비스 확보에 전념하게 되었다.

1999년을 기점으로 네이버, 한미르, 엠파스 등 강력한 검색기능을 갖춘 업체들과 개인 정보관리 기능을 강화한 드림위즈 등이 포털 경쟁에 뛰어 들었다. 또한 1999년 하반기부터는 ADSL과 케이블 모뎀 등 가정용 초고속 인터넷 서비스 시장이 폭발적으로 확대되면서 드림라인, 하나로 통신 등이 자체적인 포털서비스인 드림엑스, 하나넷 등을 출범시켰으며, 2000년에는 두루넷의 코리아닷컴과 한국통신의 메가패스 등이 경쟁에 합류하였다.

이 시기에 서비스와 관련하여 매우 의미 있는 사건이 나타났다. 커뮤니티 서비스의 급성장이 바로 그것인데, 다음의 카페 서비스나 프리챌의 커

1) 1999년 10월, 5대 PC통신 사업자(천리안, 하이텔, 나우누리, 유니텔, 넷츠고)의 총 회원수는 741만 명에 이르고 있었다. 이 시기에는 초고속 통신망이 본격적으로 도입되기 이전 시기로 가입자들은 인터넷 서비스를 기존의 PC통신에서 제공하는 에뮬레이터에 기반하여 이용하고 있었다. 천리안을 비롯하여 나머지 업체들도 현재의 포털과 같은 성격의 서비스 제공을 위한 다양한 기획을 시도하였지만 인터넷 기반의 포털서비스화에 있어서 큰 성공을 거두지 못하고 하이텔은 이후 한미르와 합병하여 현재의 파란닷컴을 서비스하고 있고, 넷츠고는 네이트 서비스의 기반으로만 작용하게 된다.

표 1-1 ● 웹기반 포털의 방문자 추이(2000~2001)

분 류	사이트 명	웹서비스 시작시기	순방문자 추이(천 명)	
			2000. 08	2001. 11
외국계	야후 코리아	1997. 08	9,504	16,807
	라이코스 코리아	1999. 07	8,796	14,641
	MSN 코리아	2000. 01	3,450	9,189
이메일/ 홈페이지 기반	다음	1997. 05	8,425	17,753
	네티앙	1998. 02	8,072	14,681
	드림위즈	1999. 10	7,079	15,218
검색기반	네이버	1998. 01	7,750	16,215
	한미르	1999. 05	6,492	14,421
	엠파스	1999. 11	5,715	11,299
PC통신 /접속 기반	천리안	1995. 04	6,313	12,534
	하이텔	1996. 07	1,983	4,403
	유니텔	1996. 01	1,386	2,034
	넷츠고	1997. 12	5,287	7,402
	신비로	1996. 05	7,674	7,128
초고속 통신기반	드림엑스	1999. 09	6,071	10,503
	하나넷	1999. 04	4,826	11,773
	메가패스	2000. 04	401	4,120
	코리아닷컴	2000. 09		6,114

뮤니티서비스를 비롯하여 동창회 사이트의 붐을 가져온 아이러브스쿨과 다모임 등이 대표적이다. 프리챌은 2002년 11월 유료화 정책이 발표되기 전까지 순방문자가 월평균 930만 명 정도를 유지하였고,[2] 아이러브스쿨과

2) 유료화 정책 이후 프리챌은 사용자와 방문자가 급감하는데, 100만 개에 달하던 커뮤니티가 20만 개로 줄어들면서 커뮤니티 서비스의 선두경쟁에서 뒤처지게 된다. 이 때 사이월드는 광고를 배제한 초기 화면과 '클럽 평생 무료' 전략을 들고 나와 프리챌 이용자의 상당 부분을 흡수할 수 있었다.

다모임의 경우 동창회 커뮤니티가 가지는 성원들 간의 밀착도(Stickiness)가 타사이트에 비해 높아 마케팅적 활용 가능성이 높았기 때문에 여타 사이트에 비해 페이지뷰가 높고 체류시간이 긴 특징을 나타내었다.

포털서비스 선두업체들의 대폭적인 매출 증가가 기록되었던 2002년은 업체간 경쟁구도가 안정적인 상황 속에서 전개되기 시작한 시점이었다. 2002년 주요 인터넷 포털업체 18개사의 트래픽을 조사한 코리안 클릭(Korean Click)의 자료에 따르면, 방문자규모를 기준으로 다음, 야후, 네이버가 선두권을 유지한 것으로 나타난다. 좀더 자세히 보면, 다음이 1위를 고수하고 있는 가운데 네이버가 야후와 격차를 좁히며 접전하고 있는 상황이었다. 후발 그룹 중에서는 유무선포털을 표방한 SKT사의 네이트

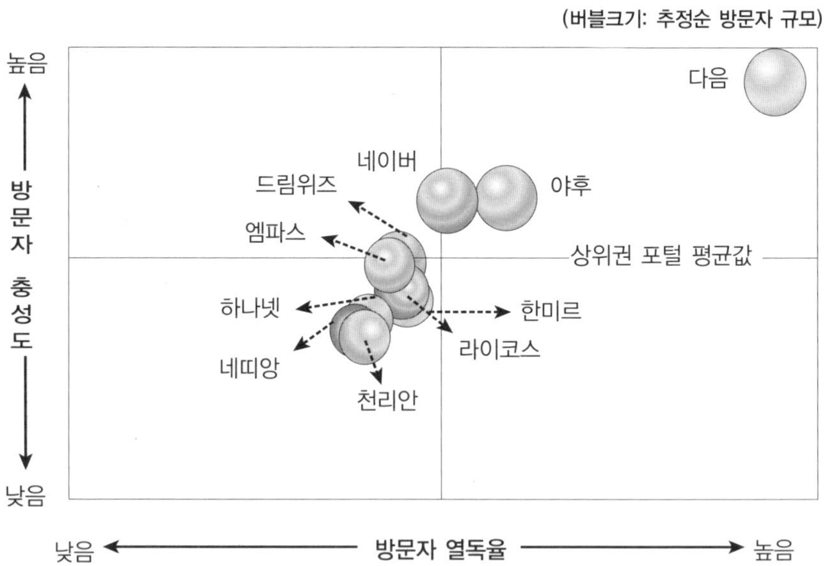

그림 1-1 ● 방문자 충성도와 열독율로 본 포털사별 위치(2002년 5월)

의 약진이 두드러지게 나타나고 있었는데, 네이트는 유무선 연동 서비스를 제공하기 위해 유선 포털 넷츠고 등 자사의 유선 인터넷서비스를 네이트에 통합한 후 2002년 상반기에 라이코스까지 인수해 다수의 이용자 기반을 확보했다. 통합작업을 마무리한 후반기부터 유무선 통합서비스를 본격적으로 제공하기 시작하면서 이용자가 대폭 증가하여 방문자규모면에서 포털 4위 자리를 놓고 기존업체들과 각축전을 벌이고 있었다.

방문자규모가 양적인 측면에서의 지표라면 방문회수 및 방문시 체류시간 등은 이용자의 충성도를 측정할 수 있는 질적 지표라 할 수 있다. 당시의 규모와 충성도, 페이지뷰로 평가한 결과, 다음이 규모와 충성도에서 가장 높은 점수를 차지했다.

2003년에 접어들어 네이버가 부각되기 시작하면서 기존의 구도가 깨지게 된다. 즉 2003년 3월 네이버가 야후코리아를 제치고 다음과 양강 구도를 형성하게 된다. 이는 2000년 이후 약 2년간 지속되어온 다음, 야후, 네이버의 순위가 변동된 것인데, 네이버는 2002년 10월 시작된 지식검색 서비스 '지식iN'을 중심으로 사용자수를 급속하게 늘여가게 된다. 또한 네이트도 2003년 5월 싸이월드와 합병을 통해 강력한 포털사이트로 성장하게 된다. 2002년 12월 네이트의 월방문자 수는 890만 명 정도로 10위권 밖이었으나, 라이코스 코리아와 합병 한 달 만인 2003년 1월 1,380만 명의 방문자 수를 기록하며 포털 부문 4위로 올라서게 된다. 또한 10월에는 싸이월드의 트래픽까지 흡수하면서 1,630만 명의 월 방문자수를 확보하며 네이버, 다음, 야후 등의 기존 포털사이트를 추격하기 시작하였다.

2004년의 상황은 보다 급박하게 진행된다. 다음과 네이버는 한달 평균 약 2500만명 정도의 방문자수를 기록하며 1,2위를 다투는 상황이었고, 4월에 SK커뮤니케이션즈의 네이트는 2,123만 명으로 야후코리아를 제치고 종합 포털 3위에 오르게 된다. 7월에는 한미르와 하이텔을 운영하던 KT가 파란닷컴을 출범시키고 서비스 시작 두 달 만에 1,193만 명의 월 방문자수를 확보하여 단숨에 포털사이트 5위에 올라섰다. 아울러 기존의 인터넷 커뮤니티 서비스와 함께 블로그, 미니홈피와 같은 새로운 형식의 서비스가 사회적으로 각광받기 시작하여 클럽과 카페 중심의 집단적인 커뮤니티 서비스가 중시되던 분위기에서 개인화 서비스로 이동해 가는 중요한 시작점이 되었다. 이러한 추세는 사람들 간의 네트워킹뿐만 아니라 검색과 뉴스, 메일 등 포털서비스 전반에 걸쳐 개인화 및 맞춤 서비스가 핵심키워드로 자리잡는 기반으로 작용한다. 그 때까지 상대적으로 커뮤니티 서비스가 약했던 네이버, 야후, 엠파스 등이 블로그를 포털사이트 내로 끌어들이기 시작했다. 싸이월드의 미니홈피는 시장의 새로운 트렌드로 등장하게 되어 2004년 6월에는 싸이월드의 미니홈피 페이지뷰가 다음의 페이지뷰를 넘어서면서 페이지뷰에서 1위에 오르게 된다. 아울러 네이트와의 통합 이후에는 시너지 효과로 인해 방문자수가 3개월 만에 88.9% 성장하는 등 급속한 성장을 맞이한다.

2005년부터 현재까지 이용률 1위를 유지하고 있는 네이버는 한게임과의 합병을 통해 안정적인 트래픽을 확보할 수 있었다는 점을 차치하고서 네이버의 부상에 가장 중요한 요소로 작용한 것은 검색이다. 먼저 서비스의 측면에서는 '지식검색 = 네이버'라는 공식이 이루어질 정도로 지식검색 서비스 시장에서의 선점효과가 컸다는 것을 들 수 있다. 기존 포털업체에서도 다음은 '신지식', 야후는 '지식검색', 네이트는 '지식뱅크', 엠파스는 '열린지식' 이라는 이름으로 지식검색 서비스를 하고 있지만, 관련 분야의 선점을 기반으로 네트워크 효과를 극대화하여 규모의 경제를 실현시킨 것이 네이버가 두드러진 성장을 보이게 된 가장 중요한 요인이었다. 일반 네티즌들에게 효과적인 브랜드 고착화를 위한 주요 수단이 지식검색이었다면 회사의 수익구조에 큰 도움을 준 분야는 검색광고였다. 주요 포털사이트 내 네이버의 검색 점유율은 2004년말 55%에서 2005년에는 63.5%로, 그리고 현재의 점유율은 70%로 늘어났다. 기존의 배너광고에 비해 단가는 낮지만 수많은 소액광고주를 유치할 수 있다는 측면에서 큰 효과를 본 것으로 판단된다.

2007년에는 포털서비스 전반에 영향을 미칠 수 있는 제한적 본인확인제가 실시되기 시작했다. 게시판과 신문기사에 대한 악성댓글과 명예훼손 사례들을 방지하기 위한 하나의 방책으로 고안된 제한적 본인확인제는 공공기관과 포털서비스 16개 사이트, 인터넷언론 서비스 14개 사이트, UCC 서비스 5개 사이트 등 총 35개 사이트를 대상으로 시행되었다. 제한적 본인확인제의 효과에 대해 아직 본격적인 논의가 이루어지기에는 이른 시점이지만 '개인의 자유' 와 '인격권 존중' 이라는 두 가지 가치가 첨예하게 대립된 상징적 사건으로 볼 수 있다.

2 포털진화의 추세와 인터넷 서비스

이제까지 살펴본 것처럼 인터넷 포털은 최초의 단순한 사이트 안내자나 정보 중개자의 역할에서 벗어나, 인터넷 이용의 주된 공간이자 최종 목적지로 변화해왔다. 즉 수많은 콘텐츠 및 서비스를 제공하여 다른 사이트로 이동하지 않아도 되도록 하는 모든 서비스의 집합체가 되어 온 것이다. 포털에 접속하기 위한 플랫폼 역시 PC 뿐만 아니라 모바일 기기와 TV를 통해서도 가능해졌으며 각종 유료 콘텐츠와 전자상거래의 제공으로 수익모델을 다각화하게 되었다.

포털의 형성부터 현재까지의 주요한 흐름 속에서 전반적인 인터넷 서비스와의 연관성을 살펴보면 다음과 같은 세 가지로 정리될 수 있다. 첫 번째는 포털이 스페셜리스트에서 제너럴리스트로의 변화하였고 포털 외에 특정한 분야의 전문적인 서비스를 제공하는 사이트들이 증가하고 있다는 점이다. 초기 포털의 형성은 검색과 이메일 서비스에 국한하여 시작되었지만 다양한 서비스가 지속적으로 구축되면서 이제는 포털 간의 서

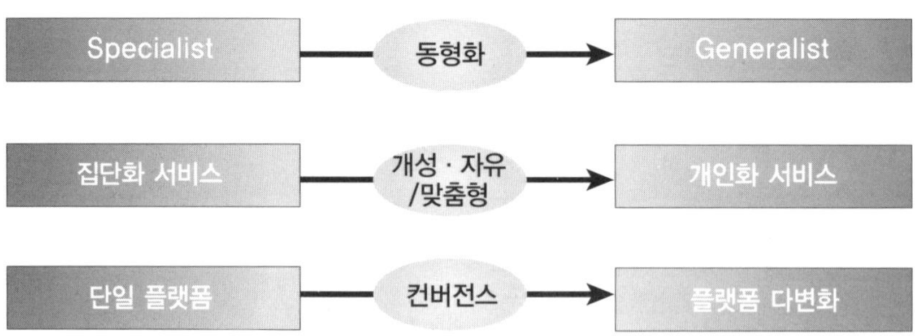

그림 1-2 ● 포털의 진화와 추세

비스 형식에 있어서의 차이는 발견하기 어려운 상황이 되었다.

이러한 포털 간 동형화(isomorphism)의 원인은 무엇보다도 시장에 존재하는 불확실성이 가장 큰 이유이다. 불완전한 정보 하에서 타조직이나 행위자가 개발한 모형을 모방함으로 해서 조직이나 행위자는 비용을 최소화하면서 적절한 수준의 해답을 구할 수 있게 된다. 인터넷 기반의 시장 상황은 변화의 속도가 매우 빠르고 추이를 예측하기 어렵다는 점에서, 선도적인 서비스의 추세를 참고하여 차용하는 것은 최선은 아닐지라도 최적에 가까운 합리성을 확보하게 된다.

또한 사이트에 대한 평가에 있어서 회원 및 방문자 수와 함께 1인당 체류시간 및 페이지뷰가 중요한 기준이 되면서 사이트 내부에 존재하는 콘텐츠의 활용을 유인해야 하는 이유는 충분히 생겨났다고 할 수 있다. 즉 초기의 포털이 관문으로서의 역할을 통해 아웃링크(out-link)를 통한 정보의 안내자의 역할이었다면 현재의 포털은 아웃링크보다는 인링크(in-link)를 통해 최대한 소비자들의 행위 영역을 자신의 카테고리 안에 머무르게 하는 것이 효과적이기 때문이다.

하지만 이러한 동형화 방식의 서비스 구축과 제공이 이용자들 입장에서는 반가운 것만은 아니다. 포털의 몸집이 커지면서 예전과 같이 혁신적인 서비스의 제공이 과감하게 이루어지거나, 서비스를 이용하는 이용자 불편사항과 피해에 대한 대처도 이전에 비해 더디게 진행될 수밖에 없기 때문이다. 더욱이 포털의 사회적 영향력이 커지면서 이용자 보호나 포털 규제에 대한 목소리가 커지고 있는 상황은 새로운 서비스의 시작에서 고려해야 할 사항들이 늘어남을 의미하고, 이는 혁신을 방해하는 요소로 작용할 가능성이 높다는 것을 의미한다.

포털의 서비스와 차별적인 아이디어를 가지고 한 분야에 대한 특화된 서비스를 기반으로 나름의 영역을 확보한 사이트들이 다양하게 등장하고 있다. 동영상 서비스 기반의 판도라TV(www.pandora.tv)나 이미지를 중심으로 독특한 사이버 문화를 만들어가고 있는 디씨인사이드(www.dcinside.com), 음식점 소개의 허브로 자리잡은 메뉴판닷컴(www.menupan.com) 등이 대표적이라고 할 수 있는데, 이들 서비스업체의 공통적인 문제는 지속적인 수익모델의 창출이 어렵기 때문에 안정된 서비스의 기반을 확보하는 데 애를 먹고 있다는 점이다. 인터넷 고유의 특성을 고려하지 않은 무리한 수익모델의 도입은 오히려 상황을 급속도로 악화시킬 수 있다는 점에서 이용자들이 납득할 수 있는 수익모델의 개발과 새로운 서비스에 대한 수익의 재투자가 선순환적으로 이루어져야 한다. 그것이 프리챌이 남긴 교훈이다.

두 번째로 제시할 수 있는 흐름은 개인화의 추세이다. 두 가지의 의미에서 개인화를 이야기할 수 있는데, 한 가지는 '집단적' 이라는 의미와 상대적 개념으로서의 '개인화' 이다. 즉 넷을 통해 인지관계에 없는 사람 또는 집단과의 커뮤니케이션 인터넷을 통해 나와 비슷한 그 누군가나 그들을 찾아다녔던 것이 인터넷 확산 초기의 이용자 욕구였다면, 이제는 점차 자신만의 개성과 자유로움을 추구하게 된 것이 최근의 일반적인 흐름으로 볼 수 있을 것이다. 다시 말해 이제는 나만의 다른 그 무언가를 지속적으로 발견하기를 원하며 여기에 걸맞는 다양한 서비스들이 각광받고 있는 상황이라고 할 수 있다.

개인화의 또 다른 한 가지 의미는 개별 포털에서 제공하는 맞춤형 서비스다. 2005년 7월, 다음은 개인의 인터넷 사용 행태를 분석해 1:1 개인화 맞춤 초기화면을 제공하는 선진 개인화 서비스를 가동했다. 또한 구글은 그보다 앞선 2005년 5월에 개인화 서비스를 제공했으며, 야후도 마이 야후 서비스를 통해 개인화 서비스를 실시하고 있다. 개인화 서비스는 사용자 개개인이 필요로 하는 정보만으로 구성된 나만의 웹 시작 페이지를 구성해주는 것으로 여러 사이트를 돌아다닐 필요없이 내 개인 페이지에서 여러 인터넷 사이트의 정보를 한 번에 볼 수 있도록 해주는 서비스다.

아이러니하게도 이러한 맞춤형 개인화 서비스는 포털에 있어서 또 하나의 위협이 될 수도 있다. 앞에서 얘기했던 것처럼 종합화된 포털의 서비스는 일단 포털 내로 들어온 이용자들에게 자신들이 구축해 놓은 콘텐츠를 기본으로 제공하면서 모든 활동을 지원하게 된다. 하지만 Web 2.0 환경의 발전으로 인해 쉽게 자료를 공유하고 가져다 쓸 수 있는 다양한 툴이 개발되었다. 사진 공유 사이트인 플리커(flickr)나 RSS를 지원하는 각종 블로그, 개인 북마크 서비스인 딜리셔스 등의 서비스가 나타나면서 이용자들의 포털 의존율은 상대적으로 낮아질 수 있는 상황이 도래한 것이다.

마지막으로 생각해 볼 수 있는 포털 관련 주요 흐름은 플랫폼의 다변화 문제이다. 기존의 PC기반의 인터넷 이용에서 모바일 기기로의 서비스 확대가 이루어졌고, 현재는 미디어 컨버전스 환경에서 빠질 수 없는 TV와 관련한 부문에 대해서도 다양한 서비스가 시작되고 있다. 컴퓨터 뿐만 아니라 휴대폰을 이용한 모바일 인터넷 환경은 이미 성숙되어 있고 유비

쿼터스 환경에 발맞추어 다양한 기기에 인터넷을 접목시키는 서비스가 활발하게 추진되고 있다. 포털뿐만 아니라 관련 기기분야의 산업적인 측면에서는 새로운 수요창출과 함께 시장확대를 위한 중요한 기회로 삼을 수 있는 계기가 될 것이고, 사회문화적으로는 인터넷의 일상화와 편재화를 가속화 시킬 수 있는 또 다른 기반으로 작용할 것이다. 여러 가지 다양한 가능성이 제시되고 있는 상황 속에서 온라인과 오프라인의 융합적 활동이 늘어날 것이라는 장밋빛 미래에 대한 예측도 이루어지고 있지만 또 다른 우려도 나타나고 있다. 인터넷 도입 초기에 가졌던 새로운 희망, 즉 개인들의 태생적 속성을 넘어서 자유와 평등이 우선적 가치로 여겨지는 열려진 공간으로서의 사이버 공간이 주목을 받았지만, 미디어 이용능력(media literacy)과 이로 인한 정보이용능력(information literacy)의 차이 때문에 새로운 격차를 만들어내는 기제로 작용할 수 있다는 점에 대한 우려가 커지고 있는 상황이다. 기존의 정보격차(digital divide)의 문제가 인터넷에 대한 접근의 격차에 논의의 주안점을 두고 있었다면 앞으로의 새로운 정보격차는 다양해진 정보관련 기기에 대한 이용능력 차이에서 비롯될 가능성이 크다는 점에서 이에 대한 진지한 검토가 필요한 시점이다.

III

콘텐츠와 관계를 통해서 본 인터넷 트렌드

지난 10여년 간의 인터넷의 흐름을 짚어볼 수 있는 유용한 도구는 무엇이 있을까? 지금까지 진행되어 온 주요한 연구들은 기술적인 측면에서의 발전이나 관련 시장의 변화, 인터넷 기업의 흥망성쇠 등을 주요한 기준으로 제시하고 있지만 여기에서는 '콘텐츠' 와 '네트워크' 의 관점에서 인터넷 세상을 바라볼 것을 제안하고자 한다. '콘텐츠' 는 구체화되고 개별적인 생산물로서의 의미가 우선되지만 이와 함께 생산물을 가능하게 하는 서비스도 포함시켜 살펴볼 것이다. 아울러 '네트워크' 는 정보통신기술과 관련된 공학적 의미의 네트워크보다는 사람들 간의 관계에 주안점을 둔 사회 네트워크(social network)나 집단적 의미에서의 '사람들' 이라는 범주를 적용하고자 한다.

	개인홈페이지	커뮤니티 · 카페	미니홈피 · 블로그	UCC · 지식검색
특징	개별적, 정형화된 콘텐츠 중심	새로운 관계 형성을 통한 콘텐츠의 축적과 공유	자기 관심에 충실한 다양한 콘텐츠의 증가	암묵지의 실재지화, 지식의 경량화
비고	보편적이고 다양하지만 지속적인 '열풍' 으로 이어지지는 않음	상대적으로 콘텐츠는 단순화	공적영역과 사적영역의 경계 불분명	새로운 협업의 가능성

그림 1-3 ● 관계와 콘텐츠를 통해 본 인터넷 트렌드

먼저 인터넷 확산 초기(1990년대 말까지)에 누구나 한번쯤은 만들어 보고자 애를 썼던 일반적인 개인 홈페이지를 생각해 보자. 누구나 인터넷을 안다고 하려면 HTML을 알아야 했고, 자신의 홈페이지를 구축하고 있어야 제대로 된 네티즌인 것처럼 여겨지던 시절이 있었다. 이 시기의 홈페이지는 그 홈의 주인에 대한 많은 콘텐츠를 제공하지만, 거의 아무런 '관계' 를 제공하지 않는다. 그 홈의 방문자는 주인이 제공한 콘텐츠를 구경하고, 자신에게 필요한 정보가 있으면 그것을 취득하고 떠나가는 것일 뿐이다. 이와 같은 특성 때문에 홈페이지는 보편화되기는 하였지만 한번도 그 어떤 '열풍' 을 일으킨 적이 없었다.

다음으로 1990년대말부터 2000년대 초기까지 인터넷과 관련하여 가장 뜨거운 이슈였던 카페 형태의 서비스를 생각할 수 있다. 카페에서 사람들은 제한적이나마 '관계' 를 맺는 것이 가능했다. 이때의 관계는 아이

러브스쿨과 같은 동창회 사이트처럼 오프라인에서의 관계가 옮겨오는 경우도 있고, 팬클럽이나 동호회처럼 온라인에서의 회원 가입을 통해 맺어지는 경우도 있었다. 하지만 카페는 약간의 관계를 제공하는 대신 콘텐츠 면에서는 오히려 홈페이지보다 빈약한 측면을 가지고 있다. 사람들이 제공할 수 있는 정보는 게시판에서의 글쓰기나 리플 달기 등으로 제한되었기 때문이다.

세 번째로 생각해 볼 수 있는 큰 흐름은 블로그와 미니홈피류의 서비스다. 싸이월드의 대표 아이템인 미니홈피를 생각해보면, 이것은 홈페이지보다는 콘텐츠를 축소하되 카페보다는 관계를 보강한 형태로 이해할 수 있다. 이제 사람들은 홈페이지에서처럼 망망대해에 자신을 올려놓고 막연히 누군가를 기다리지 않아도 되었고, 카페에서처럼 늘 같은 사람들이 모여서 북적대지만 자신을 드러낼 기회는 별로 없는 아쉬움을 견디지 않아도 되는 것이다. 이 두 가지의 조합은 본질적으로 관계 속에 살아가는 사회적 동물이면서 동시에 자기표현적 욕구를 가진 인간의 존재론적 현실에 잘 부합하였고, 이 시기에 미니홈피 서비스에 대한 폭발적인 반응은 바로 여기에서 기인한다는 것이 필자의 생각이다.

하지만 미니홈피 서비스는 아직도 지속적으로 열풍으로 남아있는가? 전반적인 상황을 고려할 때 예전에 비해 많은 부분 사그러든 느낌이다. 이것은 두 가지 측면에서 원인을 찾아볼 수 있다. 하나는 주요 포털이나 커뮤니티 사이트들의 회원 수가 이미 1,000만 명을 돌파한 상황에서 '관계'의 주체인 행위자(네트워크 용어로는 '노드')의 공급이 소진(saturate)되어가고 있다는 점이다. 다른 하나는 지나간 경험을 볼 때 사람들은 콘텐츠와 관계의 현 상태 조합에 언제까지나 열광하지는 않을 것이라는 점이다. 카페 형태의 서비스가 처음 상용화되면서 오프라인에서의 관계들을 온라인으로 끌어들이기 시작했던 시기에는 많은 직장인들의 업무시간에도 항상 컴퓨터에는 동창 사이트의 화면이 열려 있기까지 했다. 하지만 오늘날 사이버 공간에는 이들이 모두 떠나가고, 그렇다고 해서 공식적으로 폐쇄되지도 않은 채 하염없이 방문자를 기다리고 있는 커뮤니티 사이트들이 수없이 많다. 한 때의 영광을 뒤로 한 채 사람들이 모두 떠나가고 없는 사이버 공간의 폐허인 셈이다. 본 적이 없는, 그래서 알지 못하는 사람이지만 서로를 드러내며 타인과의 상호작용이 활발히 이루어져야 하는데 프라이버시 침해와 관련된 다양한 부작용이 나타나며 급격히 열린 공간에서 소수에게만 허용된 닫힌 공간의 성격이 강해지면서 더 이상 예전과 같은 폭발력은 갖기 어려운 상황이 된 것이다.

마지막으로 생각해 볼 수 있는 것이 현재 매우 활발한 이용을 보이고 있는 UCC와 지식검색이다. 형식적인 측면과 구체적인 내용의 범위에 있어서 UCC와 지식검색은 차이를 보이고 있지만 관계와 콘텐츠라는 측면에서는 유사성을 나타내고 있다. 즉 '누가' 가 중요한 것이 아니라 '무엇'이 중요해진 상황적 유사성이다. 예전과 같이, '어떤 사람이 올린 콘텐츠인가' 가 중요한 것이 아니라 콘텐츠를 매개로 하여 관계가 형성되어 가고 있는 것이다. 콘텐츠는 일종의 경험재라고 할 수 있다. 경험하지 않고는 이용자가 평가내리기 어려운 특성을 가지고 있다. 물론 지속적인 양질의 콘텐츠 생산을 통해 특정인이 이용자들로부터 신뢰를 축적하여 새로운 관계의 형성이 가능해질 수 있지만 이 때의 관계는 언제나 끊어지고

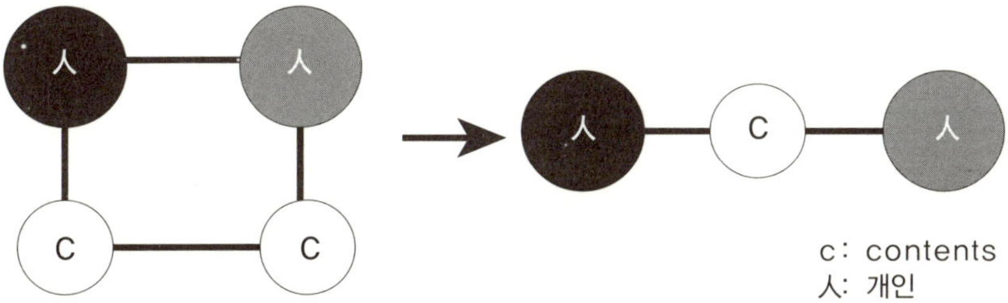

그림 1-4 ● 개인과 콘텐츠의 관계 변화

포기할 수 있는 약한 유대(weak tie)의 특성을 갖는다. 초기와 비교하여 현재의 변화된 양상을 정리하면 그림 1-4와 같은 모형화가 가능해진다.

'누구의 정보인가' 보다 '어떤 정보인가' 에 대해 이용자들의 관심이 적극적으로 나타나는 것은 사이버 공간 특유의 정보공유 방식때문이기도 하다. 다른 이들의 콘텐츠를 쉽게 '펌' 할 수 있도록 제공되는 서비스는 최초 생산자가 누구인지에 대한 파악을 어렵게 만드는 원인이 되기도 한다. 다시 말해 콘텐츠를 중심으로 생산자와 이용자 간에 네트워킹이 되어 있기는 하지만 네트워킹 자체가 중요한 것이 아닌, 매개가 되는 콘텐츠의 중요성이 훨씬 크게 존재하는 상황이라는 것이다. 특정한 생산자 한사람에 대한 의존과 인지적 관계로부터 얻을 수 있는 효용은 줄지만 네트워크 자체의 가치나 효율성이 줄어드는 것은 아니다. 개별적이고 독자적인 유형의 협력이 나타나는 지식인이나 블로그와는 달리 상호의존적 집단지성인 위키피디아의 경우에는 행위자들 간의 협업을 통한 새로운 네트워크의 형성이 매우 중요하고 현재도 활발히 진행되고 있다. 이때도 물론 매개가 되는 것은 콘텐츠다.

종합적으로 판단해 볼 때 전반적인 흐름은 관계를 위한 콘텐츠의 생산과 공유에서 콘텐츠를 중심으로 한 관계의 형성과 유지라는 방향으로 그동안의 상황이 변화되어 왔다고 할 수 있다. 그리고 기존의 유대와는 성격이 다른 약한 유대 기반의 관계 형성이 활발히 나타나고 있다는 점에서 네트워크 자체에 대한 중요성보다는 네트워킹을 가능하게 해주는 콘텐츠에 대한 의미부여가 더욱 중요하게 나타나고 있는 것이다. 이는 조금 다른 차원에서 생각해보면 신뢰할 수 있는 양질의 콘텐츠가 원활하게 생산과 재생산의 매개로 작용하는지에 따라 네트워크의 가치와 효과도 달라질 수 있다는 것을 의미한다.

IV

전망과 과제: 상생의 공간을 위하여

지금까지 살펴본 것처럼 짧은 역사에 비해 사이버 공간의 변화와 부침은 매우 급속하게 이루어졌다. 사회구성원들의 생각이나 행위양식을 인터넷에 접목하여 성공을 거둔 서비스도 있었고 반대로 인터넷 서비스가 새로운 사회의 트렌드를 만들어내기도 했다. 학교를 졸업한 지 수십 년만에 동창회 사이트를 통해 친구를 만나기도 했고 우리나라에서 가장 싼 가격에 필요한 물품을 구입하는 편리함도 누려봤다. 여행을 가기 전에 그곳에 대한 다양한 정보를 알아내어 합리적이고 효율적인 스케줄을 만들 수 있었고, 타인이 사는 모습과 생각하는 바를 블로그를 통해 좀 더 열려진 눈으로 볼 수 있는 여유도 가질 수 있었다. 무엇을 하든지 혹은 하는 중이나 한 후에도 우리는 인터넷을 찾게 되었다

무궁한 가능성과 함께 새로이 마주한 공간, 또 앞으로도 살아가야 할

공간이 사이버 공간이다. 앞서 얘기했던 것처럼 온라인과 오프라인의 경계가 희미해지고 있는 상황에서 사이버 공간은 곧 우리의 일상 영역이라 해도 무방할 것이다. 때문에 현실에 나타나는 갈등과 일탈도 고스란히 그 안에 포함되어 있다. 그렇다면 어찌해야 할 것인가? 저마다 가지고 있는 선한 의지를 어떻게 북돋워서 보다 나은 삶의 질, 보다 건강하면서도 다양한 혜택을 누릴 수 있는 생활공간으로 사이버 공간을 만들어나갈 것인가? 그리고 그 역할을 누가 해야 할 것인가? 서비스를 제공하는 사업자가 주체가 되어야 할 것인가, 아니면 제도적 틀을 제공하는 정부가 우선 나서야 할 것인가 그도 아니면 이용자들의 생각과 힘을 모아야 할 것인가?

무엇보다 신뢰가 중요하다. 사람과 제도에 대한 신뢰가 모두 중요하다. 향후 벌어질 일에 대한 예측가능성이 안정된 사회의 필수조건이라면 사회제도와 구성원들에 대한 신뢰는 앞으로 나타날 미래를 예측하는 데 있어서 매우 중요한 요건이다. 제도에 대한 신뢰가 있어야 개인들은 자신의 행동에 대해 책임감을 느끼게 된다. 또 다른 사람의 말이나 행동에 대한 신뢰가 있어야 상호작용은 지속성을 지니게 된다. 믿을 수 없고 속는다는 느낌이 지배적인 상황에선 나 또한 방어적 기만에 충실해질 수밖에 없는 것이 인간의 본성이다.

인터넷으로 인해 우리는 다양한 커뮤니케이션 상황을 경험하고 있다. 기존의 대면적이고 동시적인 상황에서만 가능했던 사회적 커뮤니케이션이 인터넷 서비스의 발전으로 인해 시공간의 한계를 넘어서게 된 것이다. 커뮤니케이션의 형식과 함께 내용도 달라지고 있다. 전혀 모르는 사람과도 자신의 사소한 일상을 얘기할 수 있게 되었고, 무거운 사회적 이슈라도 부담없이 자신의 의견을 밝힐 수 있는 담론의 영역이 넓어졌다. 물론 세상 모든 일이 그렇듯이 밝고 긍정적인 측면만 있는 것은 아니다. 예상치 못했던 문제점들도 다양하게 나타나고 있고 그로 인해 고통을 받고 있는 개인들도 늘어나고 있다. 중요한 점은 현재의 인터넷 공간은 아직 만들어져가고 있는 우리들의 삶의 공간이라는 것이다. 인지관계가 없는, 일반화된 타자라고 할 수 있는 상대방의 행위에 대한 믿음이나 상호 간의 행위에 있어 매개로 작용하는 인터넷 서비스에 대한 신뢰가 없다면 커뮤니케이션은 사라지고 사이버 공간은 아무도 찾지 않는 황폐화된 공간으로 변해갈 것이다. 어떤 문화와 행위양식이 지배적이 되는지에 따라 향후 우리의 삶은 풍요로워질 수도 있고 반대로 황폐해질 수도 있는, 아직은 가변적인 공간인 것이다.

그렇다면 이러한 사회적 신뢰를 확보하기 위한 노력은 어떻게 이루어져야 할까? 우선 생각해 볼 수 있는 것이 커뮤니케이션 과정 속에서 나타날 수 있는 개인의 프라이버시와 사적 영역에 대한 보호의 문제다. 예를 들어 미니홈피 서비스는 다채로운 게시판 기능과 함께 쪽지를 통한 개인 간의 커뮤니케이션을 기반으로 상호 간에 이해의 폭을 넓힐 수 있는 서비스로 각광받았다. 하지만 미니홈피를 통해 파악할 수 있는 개인들의 일상에 대한 정보는 잘 활용될 경우 양자 간의 돈독한 관계에 긍정적인 영향을 가져올 수 있지만 익명성에 기반하여 책임성 없는 행위가 이루어지는 경우 오히려 커뮤니케이션의 감소와 함께 의사소통을 위한 기반마저 사라지게 되는 요소가 되고 있다. 아울러 인터넷이 가지고 있는 네트워크 효과는 잘못된 정보를 매개하는 커뮤니케이션도 급속하게 확산시킬 수 있다는 측면에서 그 우려는 더욱 커질 것이다.

다음으로는 다양한 형태의 기망행위(欺罔行爲)에 대한 대처의 문제이다. 블로그를 통한 정보의 활용과 게시판에서의 댓글이 효과적인 커뮤니케이션의 한 방식으로 자리잡고 있는 상황에서 상업적인 목적이나 기타 이용자들을 편취하기 위한 목적에서 거짓 정보를 제공하는 행위는 단순히 인터넷에 대한 신뢰를 저하시키는 것 뿐만 아니라 경제적인 피해와 함께 우리 사회 전반에 대한 신뢰에도 영향을 미칠 수 있다는 측면에서 심각하게 고려되어야 한다. 또한 최근 출현한 기망행위라고 할 수 있는 피싱(phishing)은 개인정보(private data)와 낚시(fishing)의 합성어로 유명업체의 위장 홈페이지를 만든 뒤, 불특정 다수 이메일 사용자에게 메일을 발송하여 위장된 홈페이지로 접속하도록 현혹하여 개인정보를 빼내는 행위를 의미한다. 피싱의 발생은 피싱메일을 발송하고 수신자가 이메일 내용에 현혹되어 링크되어 있는 사이트를 클릭하여 위장사이트에서 금융정보를 입력함으로써 발생하며, 입력된 정보를 이용해 금융사기 등의 행위를 함으로써 2차적 범죄행위가 발생하게 되는 것이다. 이렇듯 점점 교묘해지는 수법들에 대한 사회적 대처가 이루어져야 할 것이다.

사이버 공간에서의 신뢰를 저하시키는 일들은 비단 위에서 제시된 경우 이외에도 다양하게 존재한다. 넓은 의미에서 이에 대한 하나의 대책으로 발표된 것이 제한적 본인확인제이지만 그 효과는 아직 미지수이다. 앞으로도 변화하는 환경에 맞춰 보다 적극적인 차원에서 다양한 기망행위로부터 이용자들을 보호할 수 있는 효율적 장치의 마련과 제도 운영이 보완되어야 한다. 이러한 점에서 인터넷과 관련된 주체들 간의 협치(協治)

혹은 거버넌스(governance)의 구축은 매우 중요하다. 강압적 개입과 법적 규제에 앞서 건강한 인터넷 이용이 북돋워질 수 있는 문화적 바탕의 마련이 최선이다. 규제는 항상 사후적이다. 규제를 만들기 위한 사회적 비용의 다소(多少)는 차치하고라도 피해가 발생하고 난 이후에 나타날 수밖에 없고 인터넷이 가진 고유한 특성과도 원천적으로 배치되기에 최선이 될 수 없는 것이다. 때문에 인터넷 서비스 제공자와 정부, 그리고 이용자 간의 원활한 커뮤니케이션 통로 확보와 서로에 대한 이해와 협력이 우선되어야 한다. 공공재(公共財)라고 할 수 있는 사이버 공간의 건강함을 위해, 제로섬이 아닌 상생의 공감됨을 위하여 서로의 필요와 어려움을 공감하고 생산적인 비판이 이루어질 수 있는 사회 분위기의 조성이 필요하다. 지금, 그리고 여기에서 말이다.

한국의
인터넷을 論하다

Chapter

02

한국의 인터넷 규제 어떻게 전개되어 왔나?

권 헌 영
광운대 법학과

Ⅰ. Internet이 뭔데?

Ⅱ. 고유명사 '인터넷'은 어떻게 우리에게 왔나?

Ⅲ. 우리는 왜 인터넷 규제를 말하게 되었을까?

Ⅳ. 우리나라에서 인터넷 규제는 어떻게 전개되어 왔나?

Ⅴ. '포털'은 왜 인터넷 규제의 핵심대상이 되었을까?

Ⅵ. 인터넷 규제는 어떻게 하는 게 좋을까?

I

Internet이 뭔데?

우리는 매일 인터넷을 사용하지만 정작 인터넷이 뭔지는 잘 모른다. 우리에게 '인터넷' 이란 그저 "궁금하면 네이버' 에 물어봐!" 에서의 '네이버' 와 같은 말이 아닐까? 대한민국의 사천만 네티즌[3] 중, Internet이 'TCP/IP(Transfer Control Protocol/Internet protocol)라는 통신규약을 이용하는 네트워크의 네트워크[4]" 이고, 그 중에서도 특히 1969년 미국의 국방부 프로젝트인 ARPANET(Advanced Research Project Agency Network)의 진화된 통신망이라는 사실을 아는 사람이 몇이나 될까?

---

3) 2007년 현재 우리나라의 인터넷 이용자 수는 34,820,000명이다(한국인터넷진흥원 통계:http://isis.nida.or.kr/).

4) 정보통신용어사전(http://www.tta.or.kr).

혹시 인터넷을 internet으로 써야하는 지 Internet으로 써야하는 지 의문을 가져본 네티즌도 있을 것이다. '궁금하면 네이버에 물어봐!' 라는 한국 인터넷 격언(?)에 따라 이미 답을 얻은 이도 있겠지만 정확한 표현은 Internet이다. 여기에서 인터넷이란 바로 ARPANET의 진화된 통신망을 뜻하는 고유명사이기 때문이다.[5)]

그렇다면 한글로 '인터넷' 이라는 표현은 맞는 표기인가? 한글 '인터넷' 은 고유명사인 경우도 있고, 그렇지 않은 경우도 있다. 우리가 흔히 이야기하는 '인터넷 규제' 에서는 고유명사의 경우보다 보통명사의 경우가 더 많은 것 같다. 더구나 이제는 대부분의 통신망이 인터넷으로 연결되는 상황이므로 '그 인터넷' 이든 '저 통신망' 이든 별 차이를 느끼지 못한다. 그래서 우리 법에서는 인터넷에 대한 규율을 시작할 때부터 '인터넷 등(개방형) 정보통신망' [6)]이라는 표현을 썼다. 원래 우리 법문화가 대부분의 경우에 추상적인 법규정으로 융통성 있게 적용되어 왔기 때문에[7)] 이런 규정이 문제가 된 경우는 없었다. 우리가 법적 규제를 이야기할 때는 인터넷이건 컴퓨터통신망이건 모두 규제 대상인 정보통신망인 것이다.

---

5) 김기중, "한국의 인터넷 관련 법제- '인터넷 포털' 에 대한 규제를 중심으로-", 한 · 중 · 일 인터넷 포털의 문화와 법제비교, 2007 한국언론법학회 국제학술세미나 자료집(2007.9.28), 114쪽.

6) 이전엔 '전자계산조직', '전산망', '컴퓨터통신망' 등의 용어를 사용하였다.

7) 이래서 요즘 시대에 법규정을 편의에 따라 적용한다고 아우성이 일고 있는 것일지도 모른다. 네티즌들은 특히 그런 불만이 많을 것이다. (그런데 또 반대로 생각해보면 법에 "본인확인은 공인인증서만으로 하여야 하고 공인인증서는 반드시 128비트 이상의 비도를 가진 암호화기술로서 국가정보원장이 국가보안기술연구소의 검증을 거친 후 승인한 기술을 적용하여야 하며, 동사무소에서 주민등록증을 제시하여 본인확인을 한 후 발급받아야 한다"고 미주알고주알 써 두면 융통성 없는 정책이라고 비판 받는다. 이래저래 어려운 상황이니 네티즌들의 지혜가 더 필요한 상황이다.)

그러니 우리는 다들, 이 때의 인터넷을 '정보통신망을 뜻하는 보통명사'로 이해한 것이다.

그렇지만 고유명사인 '인터넷'에 관해서는 논란이 있었다. 이것은 특히 '그 Internet'에 관한 문제였기 때문이다. '인터넷주소자원관리법'을 제정할 때 '과연 국가가 인터넷을 관리할 권한이 있는가' 하는 논쟁이다.

도대체 인터넷이 뭐 길래 국가가 이것을 관리할 수 있다없다 싸우는 걸까? 의아하게 생각하기 쉽다. 이것을 이해하려면 인터넷을 좀 더 자세히 알아봐야 한다.

고유명사인 Internet은 세계적으로 하나의 관리체제(governance)에 의하여 운영되고 있다. 인터넷은 실제로는 눈에 보이는 통신망이 아니다. 우리가 보는 통신망은 통신회사에서 와서 연결해 주는 전화선이나 랜선이지 그 자체가 인터넷은 아니다. 이것으로 컴퓨터를 연결하여 두고 이 컴퓨터에 전화번호처럼 번호를 붙여준다. 이 번호가 바로 IP다. 이 번호가 있으면 컴퓨터를 인터넷에 연결할 수 있다. 이 번호로 컴퓨터와 컴퓨터를 연결하는 통신기술이 인터넷 프로토콜(IP)이고 이것으로 연결된 네트워크가 Internet이다. 그러니까 인터넷은 'IP라는 동일한 통신기술을 적용하여 만드는 가상의 통신망'인 것이다.

이렇게 만들어진 인터넷을 관리할 때 제일 중요한 것이 이 번호를 나누어 주는 것이다. 현재 우리가 이용하고 있는 인터넷은 '202.30.82.OOO'과 같은 번호체계를 갖고 있다. 누군가 이것은 나누어 주고, 관리를 해주어야 한다. 그리고 전화번호부를 만들 듯이 이 번호 대신 이름을 입력하면 자동으로 이 번호에 있는 컴퓨터를 연결해 주는 서비스가 필요하다. 왜냐하면 많으면 12개나 되는 숫자를 모두 기억하기 어려우니까! 그래서 도메인네임이라는 일종의 '컴퓨터자동연결전화번호부'를 만들었다. 결국 인터넷에서 다른 컴퓨터(사이트)에 접속하기 위해 컴퓨터 번호인 IP번호를 입력하는 방법보다 도메인네임을 입력하는 방법이 더 잘 쓰이게 된 것이다. 이 두 가지를 관리하는 일종의 '전화국' 같은 기관이 필요하다. 지금은 미국에 있는 비영리민간국제기구인 ICANN에서 이 일을 하고 있다.

그렇다면 어떻게 미국에서 개발한 인터넷을 우리가 쓰게 되었고, 또 그것을 우리나라가 규제를 한다만다 하게 된 걸까?

II

고유명사 '인터넷'은 어떻게 우리에게 왔나?

1 인터넷의 출현과 발전

1 컴퓨터통신망의 개발

인터넷의 기원은 냉전시대인 1950년대와 1960년대 초 적에 대한 극심한 공포로부터 출발한다. 지휘통신망을 구축하면서 연결된 통신망 중 일부 통신망이 파괴되더라도 전체 통신망을 운용하는 데 지장이 없도록 하는 방안을 연구하게 된 것이다. 미국 Rand 연구소의 Baran을 비롯한 연구진은 핵 공격 시에도 안전한 통신시스템 구축 필요성을 제기하였고 원거리통신에서 중앙통제방식보다 분산형 시스템이 훨씬 유리하다는 점에 착안하였다. 통신시스템의 연결점(nodes)을 일대다의 방식 대신 다대

다의 방식으로 선택하고 각각의 연결점에서 가장 빠르고 효율적인 다음 연결점을 찾아가면서 궁극적인 통신목표에 도달하도록 하는 시스템이 구상되었고 전송하는 정보는 여러 개의 묶음으로 나뉘어서 전송된 후 재구성 하는 패킷(packet)방식을 채택하게 되었다. 공교롭게도 동시에 영국 국립물리연구소(National Physical Laboratory)의 Donald Davies도 패킷교환 기술을 개발하였다. 그러나 영국의 경우 전시생존을 위한 시스템 구상은 아니었으며 단순히 컴퓨터연결통신망 구축의 효율성을 위한 것이었다. 즉, 패킷방식은 음성통신으로 통신망이 이용되고 있는 경우에도 각각의 연결점 중 쉬고 있는 통신망을 가장 효율적으로 찾아갈 수 있는 이점이 있었다.

2 ARPANET

Baran과 Davies의 착안에 기초한 대규모 패킷교환 통신시스템이 국방부 소속의 고등연구과제관리청(Advanced Research Projects Agency)의 지원으로 개발되었다. 1960년대 말 ARPA에서는 MIT, Stanford 대학을 포함하여 미국의 주요연구기관을 연결하는 통신망 구축 프로젝트를 이례적으로 지원하고 이 ARPANET 프로젝트의 감독관으로 MIT 대학에서 Lawrence Roberts를 영입한다. 바로 ARPANET이 인터넷의 기원이다.

실험적 연구프로젝트였던 ARPANET 이후 Roberts 팀은 다시 모였다. 이질적인 컴퓨터시스템을 패킷교환시스템으로 연결하는 프로젝트를 만들기 위해서였다. 이를 위하여 연구팀이 고안해 낸 것은 망을 층계화하는 것(layering)이었다. 즉, 층계구조로 이루어진 시스템은 속성에 따라 기능을 계층적으로 구분하였다. 결국 ARPANET은 2단계의 계층구조로 구분되었다. 하나는 호스트(host)계층이었고 다른 하나는 통신(communication)계층이었다. 통신계층에서는 패킷교환기술을 통해 시스템 간에 다양한 정보들을 주고받는 기능을 수행하고 호스트계층에서는 사용자와의 인터페이스 기능을 담당하도록 설계되었다. 이러한 설계에 따라 패킷교환기술이 적용되고 사용자와의 연결은 전화연결망이 채용되었다. 기간통신회사(AT&T)가 제공하는 저렴한 요금의 전화연결망을 이용하게 되자 학교 간 연결이나 연구자 간 연결을 위해 호스트컴퓨터만 갖추면 되었으므로 ARPANET을 실용화하는 데 별 어려움이 없었다. IMPs(interface message processors)를 통한 호스트컴퓨터 간의 통신소프트웨어 프로그램으로 개발된 NCP(network control protocol)가 ARPANET의 최초 통신표준이 되었다. ARPANET은 실험을 거쳐 1971년 말 가동되었다. ARPANET의 데뷔는 세상에 크게 알려지지 않았으나 사용자층을 중심으로 그 잠재적 가능성은 높이 평가되었다. ARPANET의 궁극적 목적은 자원의 공유(sharing resources)로 인식되었다. 하드웨어, 소프트웨어 및 자료의 공동이용이 가능한 구조를 갖고 있었기 때문이다. 그러나 이용자들은 ARPANET의 다른 기능으로서 전자우편(email)을 고안해 냈다. 결국 이용자들은 ARPANET을 원격지의 컴퓨터 자원을 활용하는데 사용하기 보다는 대량의 이메일을 주고받는데 활용함으로써 이 통신망의 주요 통신소요로 자리 잡게 되었다. 결과적으로 전문적 연구진들의 연구망으로서의 기능보다 일반인들의 새로운 통신 수단으로서의 의미가 더 커지게 된 것이다. 결국 ARPANET은 인류의 새로운 통신매체가 되었다.

1970년대에 ARPANET의 성공에 힘입어 패킷교환기술에 기반한 새로운 통신망이 개발되었다. Ethernet기술을 적용한 Alohanet이나 패킷무선망인 PRNET(packet radio network) 등이 그것이다. 이렇게 되자 이제는 컴퓨터간 연결이 문제가 아니라 통신망간 연결이 문제가 되었다. NCP만으로는 통신망간의 연결에 충분하지 않아서 새롭게 개발된 기술이 Transmission Control Protocol(TCP)이다. 이 기술은 결과적으로 TCP/IP(IP는 Internet Protocol을 뜻하기도 하고 통신망 주소체계를 뜻하기도 한다)로 진화되었다. 이 기술은 다양한 통신망을 통해 호스트와 호스트를 연결할 수 있는 보편적 통신규약(protocol)이었으므로 ARPANET을 세계적 통신망으로 만드는데 결정적으로 기여하게 되었다.

3 Internet

1980년대 초 미국 국방부는 TCP/IP로 전환한 ARPANET을 군사용 MILNET과 ARPANET으로 분리하였다. 이후 MILNET은 국방망(Defence Data Network)으로 운영되고 ARPANET은 민간관리체제로 분리발전 되었지만 이 때까지만 해도 ARPANET은 통신기술 실험용이었다. 분리된 양자간의 통신망 연결기술이 개발되었고 이것이 오늘날

Internet으로 알려진 통신망이다.

1980년대 말 ARPANET은 노후 현상을 보이기 시작했고 이를 대체할 통신망의 개발이 추진되었다. 바로 미국 국립과학재단통신망(National Science Foundation Network; NSFNET)이다. NSFNET은 5대의 수퍼컴퓨터를 통해 전세계 대학과 정부기관 연구자들을 연결하였다. 그리고 그 연결 호스트를 ARPANET에서 NSFNET으로 대체함으로써 ARPANET은 역사속으로 사라졌다. 세계적 연결망인 NSFNET에는 지역망도 연결되었는데 이 때 연결은 T1 라인으로 수퍼컴퓨터를 연결하였다. 이것이 바로 최초의 Internet 기간망(backbone)이다.

이와 동시에 USENET이라는 새로운 통신망도 개발되었는데 이는 UNIX 프로그램을 활용하는 비공식적 통신망이었다. UNIX 프로그램은 컴퓨터와 컴퓨터간을 전화모뎀으로 연결하여 자료를 주고받는 형식으로 전화회사인 AT&T에 의하여 개발되었다. AT&T는 대학이 저렴한 가격에 이 프로그램을 이용할 수 있도록 하였고 상업적 사용은 허락하지 않았다. ARPAENT과 달리 독자적으로 구성된 USENET은 대학내에서 인기를 끌었지만 '가난뱅이의 네트워크' 라는 오명을 얻었다. USENET은 뉴스교환이나 게시판을 통한 정보교환에 주로 이용되었다. 단기간 내에 세계 전역에 뉴스그룹이 형성되었음은 당연한 일이었다.

USENET의 성공사례는 중앙집중적인 개발과 운용을 경험한 ARPANET 개발자들에게 적잖은 충격을 주었다. 역동적인 USENET은 연구자뿐만 아니라 대학졸업생이나 일반 컴퓨터 사용자까지도 그 고객으로 하게 되었다. 이와 같이 초기 인터넷은 중앙집권적인 축을 갖지 않고 연구수단으로부터 사회적 의사소통의 현상으로 진화한 것이다.

결국 USENET도 TCP/IP를 채택하기에 이르렀고 1980년대 후반 NSFNET은 USENET을 비롯한 여러 다른 기관에서 개발한 통신망을 수용함으로써 오늘날 Internet의 면모를 갖추어 나가기 시작했다.

4 인터넷의 확산

ARPANET은 공교롭게도 1988년 'Morris worm'이라는 바이러스 유포사고로 일반에 널리 알려지게 되었다. 코넬대 학생이던 Robert Morris가 자가복제 바이러스 프로그램을 유포하였는데 ARPANET과 연결되어 있는 시스템 중 10%가 가동이 불가능하게 되었다. 이 사고를 계기로 인터넷의 취약성과 보안에 대한 필요성이 제기되었다.

Morris wrom 사건 직후인 1989년 ARPANET은 공식적으로 Internet이 되었다. 10만대의 컴퓨터가 연결된 망으로 진화한 것이다. 모리스 프로그램으로 평범한 시민도 인터넷이 일상에 영향을 미칠 수 있다는 사실을 깨닫게 되었던 것이다.

인터넷 초기에는 미국정부가 별다른 간섭을 하지 않았기 때문에 이를 상업적으로 사용하는 경우에도 별 제약이 없었다. 초기 인터넷은 정부연구소나 군사기관, 과학자, 대학교수 등이 연구성과 및 학술정보를 공유하는 데 활용되었으며 다른 사람들은 이용할 수 없는 통신망이었다. 하지만 1990년대에 들어서면서 이러한 환경은 완전히 변모하게 되었다. 인터넷이 교육연구라는 본래의 취지에서 벗어나 확산되기에 이른 것이다. 1994

년 미국과학재단(NSF)은 인터넷의 상업적 이용이 폭발적으로 늘어나 학교이용자보다 기업이용자가 더 많다는 최종결론을 내렸다. 동시에 MCI나 CompuServe와 같은 이메일 서비스업체가 나타났고 이메일 서비스는 주요기업에 순식간에 자리를 잡았으며 최근에는 기업의 인터넷 활용이 인터넷 통신의 대부분을 차지하기에 이르렀다.

5 인터넷의 민영화

1995년, 결국 인터넷 기간망(backbone)이 민간부문으로 매각됨으로써 정부의 인터넷 관리업무는 민영화되기에 이르렀다. 인터넷의 민영화가 무리 없이 진행되면서 인터넷은 전혀 새로운 진화단계에 이르게 된다. 처음 인류사에 나타난 이래 수십 년 사이 몇 번의 변모를 거쳐 인터넷이 상용 대중매체의 하나로 자리 잡게 된 것이다.

앞서 설명한 것처럼 인터넷의 기술관리체계는 ICANN이라고 하는 민간국제기구에 의존하고 있다. 인터넷이 민영화되고 이에 따라 세계 시장으로 성장하게 되자, 1990년대말 인터넷의 관리체계에 대한 국제사회의 여론이 비등하였다. 특히, 도메인 이름이 상표권과 충돌을 일으키고 이에 대한 법적 분쟁이 분분해지자, 인터넷 관리체계는 새로운 길을 찾아야만 했다. 여기에 한국이나 일본 등과 유럽 등지에서 또 다른 인터넷 망을 개발하여야 한다고 나서자, 미국의 클린턴 대통령은 인터넷에 관한 관리체계를 국제사회에 내어 놓겠다고 선언하기에 이르렀다. 이러한 과정들을 거쳐서 인터넷의 주소자원(IP와 도메인 이름)을 관리하기 위한 기관으로

ICANN을 만들게 된 것이다. ICANN은 캘리포니아에 소재하지만, 미국 상무부로부터 인터넷 관리권을 위임받고 있으며, 매 2년마다 미국 국회에서 이 위임된 권리에 대한 점검 및 평가를 시행하고 있다.

III

우리는 왜 인터넷 규제를 말하게 되었을까?

인터넷이 한창 세계적으로 확산될 무렵, 미국 전자프론티어재단(Electronic Frontier Foundation)의 공동창립자인 존 페리 발로우(John Perry Barlow)는 「사이버공간 독립선언문」을 발표하였다. "산업세계의 정부들아, 너 살덩이와 쇳덩이의 지겨운 괴물들아. 나는 정신의 새 고향 사이버공간에서 왔노라. 미래의 이름으로 너 과거의 망령에게 명하노니 우리를 내버려 두어라." 그는 정부의 존재 자체를 부정하려는 극단적인 자유주의자다. 그러나 그가 정부를 반대하는 이유 중의 하나는 정부가 사적 소유를 강요하기 때문이다. "재산 · 표현 · 정체성 · 운동 · 맥락에 관한 법적인 개념들은 우리에게 적용되지 않는다. 그것들은 물질에 기초한 것인데, 사이버공간에는 아무런 물질이 없다." 정신의 창조물은 사적 소유의 대상이 될 수 없다는 것이다. "이러한 법률들은 생각을 또 하나의 산업제품, 선철(銑鐵)보다 고상하지 못한 것으로 선언하려고 하고 있다. 우리의 세계에서는 인간의 정신이 창조한 것은 무엇이든 아무런 비용 없이 무한히 복제되고 배포된다."

이러한 자유선언과 국가배제의 논의는 기본적으로 인터넷 전문가들의 사이버주권의식에서 비롯되었다고 할 수 있다. 연혁적으로 볼 때 인터넷이라고 하는 공간이 연구 및 교육전문가들에 의하여 관리되어 왔기 때문에 이들은 이 공간에 대한 상업적 지배, 즉 금권과 국가권력이라고 하는 규제자의 필요성을 느끼지 못하였다. 그런 상황에서 시장과 국가가 이에 대한 개입을 선언하고 나서자 이에 대해 반발하게 된 것이다.

사이버공간에 대한 별도 주권에 관한 생각은 여기서 그치지 않고, 민족과 국민국가를 중심으로 하는 전통적 주권개념을 다시 검토할 것을 주장하기도 한다. 즉, 세계시민주의와 같은 이상적 논의들이 사이버공간에서 가능하다는 인식이다. 이는 민족과 국민이라고 하는 특성을 갖고 영토에 한정하여 지배권을 갖는 일반 주권은 사이버공간에서는 작용할 수 없다는 주장이 된다. 아직도 이러한 논의는 끝난 것이 아니며, 이러한 사상적 기초에 의하여 사이버공간에서의 자유를 주장하는 시도는 계속되고 있다.

1997년만 해도 인터넷은 아직 보편적인 생활양식으로 자리 잡지 못한 시절이었다. 민영화를 통해 일반인들이 네티즌으로 확산되어 가던 즈음이다. 미국에서는 우리나라보다 조금 더 빨리 확산되면서 어린이에 대한 음란물 문제, 저작권이나 명예훼손 등 권리침해문제가 본격적으로 사회문제가 되는 때였다. 당연히 인터넷에 대한 사회의 시선은 싸늘했고, 정책적 대응이 필요하다는 목소리가 커지고 입법에 의한 규제 논의가 확산되었다. 인터넷 규제에 대응한 '사이버 독립선언'은 이에 대응한 목소리였고, 인터넷 규제에 관한 논란의 전형을 보여주는 것이었다.

우리가 인터넷을 규제하자 말자 논의하기 시작했다는 것은 이미 인터넷이 우리의 일상생활에 구체적으로 영향을 미치고 있다는 것이고, 그것이 사회의 부분적 문제가 아니라 전면적인 문제라는 것을 의미한다. 그럼에도 불구하고 인터넷이 갖고 있는 자율의 전통과 인터넷이 표방하는 정신적 지향성을 놓지 않기 위해서 규제 논의에 불을 지피는 것이다.

그러나 사실 보통명사인 인터넷에 관한 규제는 이미 이루어지고 있었다. 전기통신사업자에 대한 규제가 그렇고, 각종 형법상의 범죄나 민법상의 불법행위에 대한 손해배상책임 등이 인터넷에 적용되지 않는다고 말할 수 없기 때문이다.

우리나라에서 인터넷 규제에 대한 논쟁이 뜨거웠던 대표적 사례는 보통명사인 인터넷에 관한 문제로서 전기통신사업법에 있었던 이른바 '불온통신' 규제 제도의 위헌판결과 고유명사인 인터넷에 관한 문제로서 인터넷주소자원관리법의 제정과정이었다.

고유명사 인터넷은 ICANN에서 관리하는 것이고, 우리도 인터넷 주소자원을 ICANN으로부터 배정받아 관리하고 있는데 이것에 대해 정부가 어떻게 개입할 수 있느냐에 관한 문제가 핵심이었다. 이 논쟁에서 인터넷 주소자원이라고 하는 공적 자원에 대한 국가관리의 필요성이 제기되어 이 업무는 국가사무의 일환이 되었고, 네티즌은 인터넷자원의 이용, 즉 네티즌이 될 수 있는 권리가 법적 권리임을 확인하게 되었다.[8)] 대신 자율규제의 중요성을 강조한 전문가집단이 정부의 정책에 직접참여할 수 있도록 제도적 길을 열어둠으로써 인터넷 기술규제에 대한 논쟁은 일단락되었다.

그렇다면 인터넷관리체계 이외의 인터넷 규제는 어떤 체계로 이루어져 왔을까?

---

8) 당시의 논쟁에 대해서는 국회 홈페이지(www.assembly.go.kr)에서 법안심사보고서 등 의안을 검색하면 자세히 알 수 있다.

IV 우리나라에서 인터넷 규제는 어떻게 전개되어 왔나?

인터넷사업 자체는 초기부터 별 관심의 대상이 되지 못하였다. 우리나라에서 인터넷의 전신이라 할 수 있는 컴퓨터통신사업이 나타날 때부터가 인터넷사업 규제의 역사가 될 수 있겠다. 그래봐야 겨우 통신사업의 한 부류로서의 부가통신사업으로 인식하는 게 고작이었다. 이 시절 인터넷사업은 '타인의 통신을 매개하는 사업' 인 통신사업 중에서도 컴퓨터끼리 연결하여 주는 '부가적' 통신사업에 불과하였던 것이다. 그도 그럴 것이 전화사업에 비하면 사업규모나 사회적 영향력 등에 있어서도 비교가 안 될 수준이었기 때문이다.

1995년만 하더라도 인터넷사업은 그 규모가 커도 신고하면 되는 수준이고, 약관신고도 필요 없을 정도로 규제 대상에서 제외되어 있었다. 다만, 통신의 내용이 반사회적이고 '불온' 할 경우 이를 사업자를 통해 차단할 수 있도록 하기 위하여 정보통신윤리위원회를 설치하는 조치가 이 때 생겨났다. 말하자면 컴퓨터통신으로부터 시작된 내용규제가 인터넷에도 힘을 발휘하게 되는 제도의 시발점이 이미 존재하였던 셈인 것이다. 이 당시에 전자문서에 관한 규정과 더불어 이를 위 · 변조하는 경우에 처벌을 강화하는 조치도 시행되었다.

1999년이 되자 인터넷 이용인구가 늘고, 개인정보보호의 문제가 심각해지고 인터넷을 통한 스팸메일이 극성을 부리게 되었다. 따라서 정보통신망법에 이에 관한 규제를 대폭 신설하기에 이르렀다. 이때부터 인터넷에 관한 규제는 기존의 사업법체계에 의하여 이루어지던 체제에서 정보통신망법을 비롯한 특별입법에 의하여 이루어지는 새로운 환경을 맞이하게 된다.

2000년대에 들어서면서부터는 인터넷의 매체적 특성과 효용이 집중조명을 받았다. 오랜 세월동안 유지되어 왔던 '불온통신' 규제제도가 위헌판결을 받고(2002년), 불법통신규제체계로 변경되었다. 위헌판결에 따라 절차규정도 보완되었고 법원이 통신사업자에게 자료제출명령권을 발동할 수 있도록 하는 등 제도가 상세하게 변경되었다.

이후 인터넷에서 일어나는 각종 행위에 대한 규제제도는 더욱 세분화하면서 발전하게 되었다. 2002년 스팸규제는 더욱 강화되면서 청소년대상음란광고전송금지, 이메일주소수집시 어떤 경로로 이를 입수하였는지 공개하여야 하는 의무 등을 도입하였다. 2004년에는 개인정보보호와 해킹 등에 대한 제도가 더욱 강화되었다. 또한 청소년유해매체물에 관한 관리규제가 강화되었고 인터넷광고 등에 대한 행위규제도 강화되었다.

2002년 대선에서 네티즌의 폭발적 지지를 얻은 대통령이 당선되고 이후 총선 등에서 인터넷이 정치에 미치는 영향이 매우 커짐으로써 이에 대응한 규제도 나타났다. 2004년 인터넷선거보도심의제도가 도입되고 사이버선거부정감시단을 설치하는가 하면 각종 선거운동에서 인터넷부문을 상세히 규율하기에 이르렀다. 특히 선거와 관련한 인터넷 규제를 살펴보면 아직도 우리 사회가 인터넷의 본질적 기능에 대해 많은 오해를 하고 있다는 점을 잘 알 수 있다. 이중 가장 뜨거운 논쟁거리가 바로 2005년에 선거법에 도입된 실명제규제이다. 인터넷 언론사 게시판 등에 실명확인 의무를 부여하고 이를 위반한 경우는 글을 삭제하도록 하고 있는데 헌법상 기본권에 비추어 살펴볼 점이 많은 부분이다.

2006년 이후부터는 인터넷 포털에 대한 규제에 관심이 높아지고 있다. 정보유통과 관련하여 사업자의 임시조치제도를 도입하고, 제한적인 본인확인제도를 시행하는가 하면 포털에 대한 공정경쟁규제 등 기존 규제의 적용 등 다양한 규제를 시행하기에 이르고 있다.

V

'포털'은 왜 인터넷 규제의 핵심대상이 되었을까?

1 포털의 원죄는 커지는 영향력?

'포털'이 인터넷 규제의 핵심대상이 된 데는 여러 이유가 있겠지만 가장 큰 이유는 우리가 '인터넷' 하면 '네이버'나 '다음'을 떠올리기 때문일 것이다. 인터넷 기술이 얼마나 더 진화하면서 어떤 새로운 서비스가 나타날지 모르겠지만 당분간은 웹브라우저를 켜면 첫 번째 화면으로 나타나는 인터넷 관문인 '포털'의 지위가 유지될 것이다. 그만큼 포털의 영향력은 적어도 '무시할 수 없는' 수준에 이르렀다.[9]

---

9) 규제에 관한 보다 강한 의지를 가진 이들은 사실 무시할 수 없는 수준이 아니라 두려운 수준으로 느끼고 있을 것이다.

포털이 인터넷 경제 시장의 지형을 바꾸어가고 있는 상황인데다가, 인터넷에서의 서비스융합이 가속화되면서 매체시장이 재편될 수 있다는 생각에 이르면서 포털에 대한 생각은 더욱 두려운 쪽으로 전개되고 있다.

전통적으로 매체시장에서는 방송, 신문의 영향력이 강하고 일부 인쇄매체들이 활동하는 상황이었지만 포털의 뉴스서비스와 각종 댓글이나 커뮤니티 서비스 등을 통해 사회여론을 재생산하거나 여론형성에 미치는 영향력이 괄목할 만한 수준으로 성장하고 있다. 게다가 실증적으로 선거에서나 각종 정국의 전환 등에서 보여준 인터넷의 영향력은 실존 그 자체였다.

2 포털에 지운 대표적 규제

포털사업자에 지운 첫 번째 짐은 책임성 강화다. 포털을 언론매체와 동일하게 취급하면서 반론권을 보장하도록 한 것이다. 누군가 권리를 침해당하였다고 생각하는 이는 포털사업자에게 해당 정보에 대한 권리주장을 하고, 자신의 반론권도 보장하도록 하는 규정을 도입하였다. 이렇게 되자 포털은 권리침해여부를 스스로 결정하여야 하는 짐을 지게 되었고, 원치 않는 심판자가 되어서 더 큰 영향력을 행사할 수 밖에 없다. 이런 노력은 사실 주로 명예훼손의 위험에 처해 있는 공인(公人)들의 두려움을 완화하기 위한 조치였다. 인터넷상의 근거 없는 소문이나 폭로[10)]로 회복

10) 때론 그것이 '진실된 사실' 일지라도.

할 수 없는 권리 침해를 받는다고 생각하는 이들이 사업자에게 과잉 권한을 행사하도록 하는 것이다. 이런 맥락에서 보면 사이버공간에서의 명예훼손을 가중처벌 하는 조치도 같은 선상에 있는 것으로 볼 수 있다.

선거에서의 인터넷 영향력에 대한 두려움으로 시작된 규제는 이보다 더 강하게 나타난다. 실제 적용이 가능한지에 상관없이 인터넷에서의 표현이 선거에 영향을 미치는 경우를 가능한한 차단하기 위하여 노력하고 있다. 선거기간 동안에는 인터넷은 매체로서의 역할을 하기 어려운 정도이다.

실명제와 본인확인제 등도 대부분 포털사업자를 향한 규제다. 행위자에 대한 규율을 포털에 위임하는 구조를 갖고 있다. 포털을 규제하면서 포털의 권한이 더욱 강해지는 아이러니가 계속되고 있는 셈이다.

VI
인터넷 규제는 어떻게 하는 게 좋을까?

지금까지의 인터넷 규제에 있어서 가장 핵심적인 문제는 정작 인터넷의 주체인 네티즌은 빼 놓고 생각하고 있다는 것이다. 인터넷을 잘 사용하지도 않고, 인터넷의 문화도 제대로 이해하지 못한 채 인터넷을 재단하려고 하니 문제 해결이 잘 안되는 것이다.

더구나 네티즌을 인터넷 규제의 주체로 생각하지 않고 다만 규율 대상으로 취급한다는 데 심각한 문제가 있다. 인터넷은 네티즌들로 구성된 또 하나의 대한민국이다. 그러니 인터넷 규제의 핵심적인 정당성 근거는 네티즌으로부터 도출되어야 한다. 마치 대한민국의 주권이 국민 하나하나로부터 시작되는 것처럼 말이다.

그런데 어떤 이들은 국민이나 네티즌들이 너무나 무지하고 몽매하여 스스로 결정할 힘이 부족하다고 생각하는 것 같다. 시시콜콜 대신 결정해

주고 가르쳐주고 지켜주고 싶어 하는 이들이 많다. 이런 생각을 가진 분들에게 인터넷은 철저히 관리되어서 안전하고 무균상태의 야경국가처럼 규제하여야 할 대상으로 이해되기 십상이다. 이런 사상적 배경이나 관점의 차이는 인터넷 규제에 대한 본질적 문제를 분석하기보다는 일탈적 상황에 대한 대응적 처방을 일삼는 결과를 가져온다. 인터넷에 대한 가장 좋은 규제는 사실상 내버려 두는 것일지도 모른다. 자연정화기능을 할 수 있는 내성이 인터넷에 있어야 하고 만일 그게 없다면 그것을 키워줘야 하는 것이다.

그러나 이미 우리는 어떤 형태로든지 인터넷에 대한 규제를 실시하고 있으므로 네티즌을 그 주체로 인식하는 시각에서 이를 발전시켜 나가야 할 것이다. 그리고 인터넷에 일정한 규제를 도입할 때는 과학적 분석을 통해 정당성과 실효성을 확보하여야 한다. 그저 두려움을 근거로, 대중적인 처방만을 일삼는 것은 도움이 안 된다. 이런 차원에서 인터넷 규제에 관한 논의에서 지켜야 할 몇 가지 원칙을 제시하고자 한다.

인터넷 규제정책의 기본원칙으로 다양한 논의가 가능하겠으나 대략 ① 형평의 원칙, ②예측가능성의 원칙, ③자율규제우선의 원칙, ④시장존중의 원칙, ⑤실효성 확보의 원칙, ⑥보편성의 원칙 등을 제시할 수 있겠다.

형평의 원칙은 인터넷 규제에 대한 단기적인 필요성에 의하여 정책수단을 과도하게 동원하는 경우에 생기는 문제를 차단하기 위하여 '같은 것은 같게, 다른 것은 다르게' 취급하는 규제원칙을 말한다. 따라서 특정 규제대상이 처한 상황을 오프라인, 온라인 등과 비교형량하고 유사 산업군과 비교형량하여 최적의 규제를 펼치는 것이 형평의 원칙에서 핵심이 된다. 이러한 형평의 원칙은 '법 앞에 평등' 이라는 헌법적 요청에도 부합한다.

예측가능성의 원칙도 인터넷 규제에 있어서 규제자의 자의성을 최소화하기 위하여 선택하는 원칙이다. 어떤 규제가 어떤 방식으로 집행될 것이라는 것을 인터넷 이용자나 사업자 등 피규제자가 예측할 수 있도록 하는 것이 중요하다. 이는 행정법의 기본원칙이라고 할 수 있는 행정절차법적 요청으로도 확보할 수 있는 것이다. 각종 입법예고나 행정예고 등이 종합적으로 사전에 제시되어 규제 대상자들의 협력을 이끌어 내는 것도 좋은 방법이다.

자율규제우선의 원칙은 인터넷의 속성인 다양한 참여자들의 공간에서 그 공동체의 형성과 발전을 유도하는 가운데 자연스레 자리를 잡게 되는 원칙이다. 이러한 자율규제우선의 원칙은 특히, 내용규제정책에서 빛을 발하게 되는데 인터넷의 자정능력을 신장하는 것으로 나타난다. 성급한 규제당국의 개입은 공동체 내에서의 자율규제의 힘을 현격히 떨어뜨려 피규제 대상을 규제당국에 대항하여 결집시키는 오류를 낳는다. 이는 실제 규제목표를 역행하는 효과가 나타나기 때문에 자율규제 정책을 우선적으로 옹호하는 것이 중요하다. 그러나 자율규제는 방임이 아니다. 방임이나 방기가 아니라, 특정한 자율규제 시스템이 작동하지 아니하면 규제당국이 개입한다는 원칙을 갖고 시행하여야 한다.

시장존중의 원칙은 규제행위의 설정과 집행 등 모든 과정에서 시장의 반응을 살피라는 원칙이다. 시장은 산업으로서의 성장잠재성과 자정능력을 동시에 가진 곳이다. 내용규제이건 형식규제이건 시장과의 대화는 인터넷 뿐만 아니라 모든 시장에서 유효한 원칙이라고 할 수 있다.

실효성 확보의 원칙은 인터넷의 속성에 적합한 규제수단과 집행방법을 가져서 불필요한 과잉규제를 방지하자는 원칙이다. 실효적 수단도 없는데 엄한 규율을 도입한다거나, 누구나 빠져나갈 수 있는 미봉책으로 규제정책을 수립 또는 집행해서는 아니된다는 것이다.

보편성의 원칙은 인터넷도 결국 인류의 것이란 관점에서 출발한 원칙이다. 또한 국경을 넘어서는 인터넷의 특성을 반영한 원칙이다. 보편성은 인류보편의 가치를 규제의 기본이익으로 삼아야 한다는 것이다. 특정 지역이나 집단을 넘어서고 특정 국가나 특정 분야를 넘어서는 보편적 가치를 보호하는 것은 당연한 인터넷 규제의 원칙이다.

한국의

인터넷을 論하다

Chapter

03

한국에서의 인터넷 규제: 쿼바디스 인터넷?*

:::::: 포털 규제를 통해서 본 한국 인터넷 규제의 현재 그리고 미래

황 성 기
한양대학교 법학과

Ⅰ. 이야기의 출발

Ⅱ. 포털 규제 = 봉건제형 인터넷 규제시스템의 유지?

Ⅲ. 인터넷: '가장 이상적인 사상의 자유시장'? 아니면 '질서 유지를 위한 규제의 대상'?

Ⅵ & Ⅴ. 포털: '정보제공자' 인가? '정보매개자' 인가?

Ⅵ. 인터넷 익명성: 모든 인터넷 역기능의 근원?

Ⅶ. 끝나지 않는 이야기 – 쿼바디스 인터넷?

---

* Chapter 3은 황성기, "한국에서의 인터넷 규제와 표현의 자유 -포털 규제의 문제점을 중심으로-", 「LAW & TECHNOLOGY」 제4권 제2호, 서울대학교 기술과 법 센터, 2008. 3. 35-50면에서 출발하여, 그 내용을 일부 수정 · 보완한 것임을 밝혀 둔다.

I

이야기의 출발

1 '포털': 인터넷의 문제아?

인터넷상의 '포털사이트'(portal site)는 관문으로서의 의미를 가진다. 즉 검색서비스, 메일서비스, 블로그서비스, 카페서비스, 뉴스서비스, 게임서비스, UCC 서비스 등의 각종 다양한 서비스들을 이용자들이 손쉽게 접근하고 이용할 수 있도록 그것들을 매개해 주는 사이트를 말한다. 인터넷포털은 현 시점에서 인터넷이용의 일반적 행태나 패턴을 단적으로 보여주는 개념이라고 할 수 있다. 현재 포털사이트는 그것이 제공하는 서비스의 성격상 많은 사람들이 인터넷을 이용하는 출발점이 되고 있다. 예컨대 많은 사람들은 자신이 원하는 정보를 찾기 위해 각종 검색서비스를 이용하기도 하며, 또한 많은 사람들은 카페나 블로그 등 커뮤니티서비스를 통해 서로 간의 의사소통과 관계형성을 위해서 포털을 이용하기도 한다. 그리고 사람들은 뉴스를 보기 위해 굳이 기존의 언론들이 배포하는 신문을 구독하거나 혹은 뉴스방송을 시청하거나, 이들의 홈페이지를 방문할 필요도 없어졌다. 왜냐하면 포털이 제공하는 뉴스서비스를 통해서 이들 언론사들이 제공하는 뉴스를 간접적으로 접할 수도 있기 때문이다. 이렇게 포털은 다양한 서비스를 제공함으로써, 여러 가지 다양한 놀이서비스를 하나의 공간에서 제공하는 일종의 '놀이공원' 과도 같은 기능을 하기도 한다.

그런데 이렇게 우리의 일상과 매우 밀접한 관계를 갖고 있는 포털이 최근 '인터넷의 문제아' (?)로 등장하고 있다. 포털이 우리의 일상과 매우 가깝게 있다 보니, 사람들은 인터넷이 야기하는 모든 역기능적 문제점들의 근원에 포털이 있다는 생각을 강하게 하는 모양이다. 그리고 이러한 생각의 연장선상에서 최근 2~3년간 여러 가지 측면에서 포털에 관한 규제가 '포털의 사회적 책임론' 이라는 맥락에서 논의되고, 실제로 포털 규제를 위한 제도적 장치들이 입법화되기도 하였다.

인터넷이 야기하는 문제점들의 중심에는 항상 포털이 존재한다는 인식, 따라서 문제점들을 해결하기 위해서는 포털을 규제할 수밖에 없다는 인식은 과연 옳은 것일까? 포털 규제를 찬성하는 사람들은 이러한 인식이 타당하다는 믿음에 기반하고 있는 반면에, 포털에 대한 규제는 필요하더라도 과도한 규제는 반대하는 사람들은 이러한 인식은 비합리적이고 비과학적인 추측에 불과하다는 생각에 기반하고 있는 것으로 보인다.

어떻게 보면 인터넷의 다양한 커뮤니케이션 방식 내지는 서비스방식

중의 하나에 불과한 포털의 규제문제는, 포털 그 자체의 규제문제에 그치는 것이 아닐지도 모른다. 다시 말하면, 현재 논의되고 있는 포털 규제의 문제는 한국에서의 인터넷 발전과 그 규제시스템의 철학적 · 이념적 기반에 대한 근본적인 질문에서부터 향후 한국에서의 인터넷 발전의 방향성을 예측할 수 있는 단초가 될 수도 있는 것이다. 바로 이러한 맥락에서 현재 한국 사회에서의 포털 규제 관련 담론과 그 법제도화의 문제는 단순히 인터넷사업자에 대한 규제문제 이상으로 사회적 차원에서의 이론적 · 실천적 의미들을 갖게 될 수도 있다. 이러한 문제제기의 연장선상에서 본 챕터에서는 포털 규제의 정당성 혹은 타당성 문제를 소재로 삼아서, 한국 사회에서의 인터넷 규제시스템의 문제를 다루어보고자 한다.

사실 이 책에서 다루고자 하는 화두는 "인터넷 규제는 어디서 비롯되었고, 현재는 어디에 있으며, 앞으로는 어디로 가야 하나?"의 문제라고 할 수 있다. 이러한 관점에서 인터넷 규제의 역사를 다루는 것이 필연적이다. 또한 한국에서의 인터넷 규제의 현주소를 규명하고, 그 이면에 깔려 있는 것으로서 인터넷에 대한 인식의 오류 여부를 짚어 보는 것도 발전적 진보를 위해서 필요하다. 즉 이러한 규명과 분석작업은 향후 한국에서의 인터넷 규제의 방향성을 예측하고, 그 방향이 잘못되었다고 한다면 올바른 인터넷규제의 방향을 제시하는 데에 나름대로 의미 있는 일이 될 것으로 믿는다.

2 한국 사회에서 인터넷의 명(明)과 암(暗)

본격적인 문제제기에 들어가기 이전에 지난 10년 넘게 우리 사회에서 인터넷이 가져다 준 명(明)과 암(暗)을 '인터넷과 민주주의'라는 관점에서 한번 간단하게 정리해 보는 것도 의미있으리라 생각한다.

지난 1995년 인터넷이 상용화된 이후 10여 년간 한국에서의 IT 발전을 주도해 온 '총아'는 바로 '인터넷'이라 할 수 있다. 한국 사회에서의 인터넷 발전은 단순한 인프라 구축에만 그치는 것이 아니라, 인터넷의 철학적 기반으로 인하여 어느 정도 정치 · 경제 · 사회 · 문화적인 영역에서의 민주주의의 발전 동력이 되어 왔다는 평가가 가능하리라 생각된다.

우선 정치영역에서 지난 2002년 12월의 제16대 대통령선거는 당시 민주당의 '디지털 선거' vs 한나라당의 '아날로그 선거' 간의 대결이었고, 결국 전자가 승리함으로써 한국 정치가 인터넷을 통해서 권위주의시대의 종말을 고하며 쌍방향적인 참여민주주의로 빠르게 이행하고 있는 계기로서 평가되기도 한다.[11)]

정부 및 공적부문에서의 인터넷 활용은 참여민주주의와 전자정부(e-government)의 구현이라는 대의명분하에 그동안 그 구체적인 목표와 실현방안에 대해서 지속적으로 논의되어 왔으며, 이미 2001년 3월 28일 「전자정부구현을 위한 행정업무 등의 전자화 촉진에 관한 법률」의 제정을 통해 그 법적 근거가 입법화된 적이 있다.

---

11) 조석장, 「한국의 e 폴리틱스」, 향연, 2004, 8-9면.

경제영역에서도 인터넷을 이용한 산업은 제조업, 유통 및 광고시장 등에서 급격하게 성장하고 있으며, 특히 인터넷환경을 이용한 온라인게임은 한국 경제의 차세대 성장동력으로서 평가받고 있다. 그리고 저비용 구조의 치프(cheap)혁명과 롱테일(long tail) 현상은 인터넷경제가 기존의 오프라인경제에서는 볼 수 없는, 혹은 기존의 오프라인경제의 고정관념을 무너뜨리는 새로운 패러다임적 상징으로 인식되고 있다.

사회문화적인 측면에서도 인터넷 등의 새로운 기술들과 디바이스들은 점점 다원화되고 탈권위적인 방향으로 이루어지는 사회변화에 적합한 의사표현의 도구로서 기능하고 있다. 특히 블로그나 UCC 등과 같은 1인 매체의 등장과 활용은 인터넷신문(online newspaper)의 등장과 성공 그리고 게시판문화의 활성화, 웹 2.0 환경의 등장 등과 맞물려서 기존의 권위적인 사회권력과 문화권력을 해체시키는 역할을 수행하고 있다.

물론 인터넷이 위와 같은 긍정적인 역할이나 기능만을 수행한 것은 절대 아니다. 민주주의의 '질적 발전' 이라는 관점에서 보면, 오히려 인터넷의 발전이 민주주의에 역행하거나 오히려 민주주의를 위협한다는 주장도 제기된다. 예컨대 여과되지 않은 온갖 루머나 악성댓글 등으로 인하여 저질 게시판문화가 형성되고 선정주의, 상업주의, 재미지상주의가 판을 치면서 민주주의 질적 저하를 우려하는 목소리가 심심찮게 들린다. 또한 게시판이나 댓글 등을 통한 타인의 명예나 사생활 침해행위 등 익명성이나 비대면성을 악용하는 불법행위, 영화파일이나 음악파일 등 타인의 저작물을 아무 생각없이 불법다운로드를 하는 행위 등 '점잖치 못한 공유문화' 등은 인터넷으로 형성되는 사이버공간을 일종의 '무정부지대' 로 오인하게 만들기도 한다. 이러한 관점에서 보면, 인터넷이 민주주의를 가져온다는 것은 검증되지 아니한 하나의 '신화(神話, myth)에 불과할 뿐이라는 지적[12]은 나름대로 설득력을 가진다. 또한 인터넷에 상업주의가 개입 및 심화되고, 포털은 인터넷문화를 상업적으로 이용함으로써, 인터넷의 기본정신과 철학이 많이 퇴색되었고, 따라서 인터넷도 상업주의에 찌든 기존의 오프라인매체와 별 차이가 없다는 비판도 제기되고 있다.

여기서 인터넷의 밝은 측면과 어두운 측면을 구분하는 작업은 대개 규제문제를 다룰 때 일반적으로 채택되는 방법론적 접근방식이다. 즉 한국에서의 인터넷규제의 출발점도 어떻게 보면 인터넷이 갖고 있는 명과 암 중, 특히 어두운 측면을 제거하려는 노력에서 비롯되었다고 할 수 있다. 인터넷이 갖고 있는 어두운 측면이 인터넷 규제를 정당화하는 논리적 근거가 된다. 하지만 중요한 것은 '그것을 바라보는 시각'과 '규제방법론'의 문제이다.

인터넷의 어두운 측면을 제거하려는 노력이 전적으로 타당하고 정당하다는 점은 이론의 여지가 없을 것이다. 하지만 인터넷은 어두운 측면과 밝은 측면을 동시에 갖고 있다. 그것도 동일한 요소나 현상이 어두운 측면과 밝은 측면을 동시에 갖고 있다는 점, 혹은 역기능과 순기능을 동시에 수행한다는 점을 염두에 둘 필요가 있다. 이러한 맥락에서 어두운 측면을 제거하려는 노력은 자칫 잘못하면 밝은 측면도 없앨 수 있는 위험성을 갖고 있다는 점을 간과해서는 안 된다. 하지만 규제를 하는 입장에서

---

12) 이에 관해서는 고경민, 『인터넷은 민주주의를 이끄는가』, 삼성경제연구소, 2006 참고.

는 어두운 측면만 보려는 생각이나 유인이 강하기 때문에, 어두운 측면을 제거함으로써 오히려 밝은 측면이 동시에 제거되거나 또는 밝은 측면이 더 많이 제거될 수 있다는 점을 간과하기 십상이다.

한편 규제방법론적 측면에서도 인터넷 규제는 신중을 기할 필요가 있다. 현재 한국에서의 인터넷 규제의 최대 화두는 포털 규제이다. 즉 위에서 언급하였듯이, 현재 규제권한을 갖고 있는 정부는 인터넷사업자나 이용자들의 생각과는 달리 인터넷이 야기하는 모든 문제점들의 근원은 포털에 있고, 따라서 포털을 규제하면 이러한 문제점들이 해결된다고 믿고 있다. 하지만 아래에서 설명하겠지만, 기본적으로 포털은 이용자들이 찾고자 하는 정보 또는 이용자들이 이용하고자 하는 서비스를 좀 더 편안하게 찾거나 이용할 수 있게 해 주는 '매개' 역할을 해주는 것에 그 존재의의를 갖고 있다. 물론 인터넷이 야기하는 문제점들에 대해서 포털이 '직접적이고도 결정적인' 기여를 하고 있다면 응분의 책임을 지는 것은 당연하다. 하지만 단순히 매개하는 역할에 불과하다면, 포털에 대한 규제는 자칫 과잉규제로 나타날 수 있다. 특히 포털에 대한 과잉규제는 우리 사회에 유통되는 정보의 전체적인 총량이나 자유로운 정보의 유통에 악영향을 미칠 수 있다는 점에 유의해야 한다. 바로 이 지점에서 포털 규제의 문제가 헌법상 소위 '표현의 자유' 의 문제와 직결되는 의미를 갖게 되는 것이다.

결국 인터넷 규제의 문제는 우리 사회에서 표현의 자유의 문제와 밀접한 관련성을 맺고 있고, 더 나아가서 우리 사회에서 인터넷의 발전과 민주주의의 문제로 이어지게 되는 것이다. 민주주의의 필수조건은 정보접근의 자유와 표현의 자유이다. 따라서 정보접근의 자유와 표현의 자유를 제한하는 인터넷 규제시스템을 어떻게 설계할 것인가의 문제는 당연히 인터넷의 발전과 민주주의와의 관계를 논할 때 중요한 논점이 된다.

이하에서는 현재 한국 사회에서의 포털 규제의 문제점을 분석하고자 한다. 이러한 분석을 통해서 한국에서의 인터넷 규제시스템의 성격규명이 가능할 것이고, 더 나아가서 한국 사회에서의 인터넷 규제의 방향성을 예측하고, 그 합리적 대안을 제시하는 것도 가능하게 될 것이다. 자, 이제부터 한번 재미있는 여행을 떠나보기로 하자.

II

포털 규제 = 봉건제형 인터넷 규제시스템의 유지?

일반적으로 구체적인 사례의 분석과 문제점의 도출을 위해서 여러 가지 분석방법을 동원할 수 있다. 여기에서는 구체적인 사례에 대한 기본적 분석틀(framework)로서 한국의 인터넷 규제시스템의 '기본성격'을 규명하고자 한다. 즉 한국에서의 인터넷 규제시스템이 어떠한 성격과 방향성을 견지하고 있는 것인지를 규명함으로써, 현재의 포털 규제 방향성과 정체성을 규명하고 이해하는 데 하나의 분석도구로서 활용하고자 하는 것이다. 그리고 한국의 인터넷 규제시스템의 기본성격은 인터넷 규제시스템의 설계에 있어서 관련 주체 간의 역학관계에 관한 고찰을 통해서 규명하고자 한다.

인터넷환경에서 규제시스템의 설계에 있어서 이해관계를 가지고 있는 주체는 국가(정부), 시장, 이용자라고 할 수 있다. 이들은 인터넷을 유지 · 발전시켜 나갈 책임과 의무를 지고 있는 주체들이므로, 인터넷 규제 시스템의 개발 · 설계에서도 일정한 목소리와 권한을 주장하고 있다. 특히 이러한 주체들 간의 규제권한의 배분 내지 분점상태는 당해 규제시스템의 특성을 단적으로 드러내는 핵심요소라고 할 수 있다.

첫째, 국가는 전통적으로 '공권력 행사'를 통하여 국가안보, 사회질서 유지, 이용자 및 소비자의 보호, 불법정보의 규제, 유해정보로부터의 청소년의 보호 등 공익(公益, public interest)을 추구하는 임무를 띠고 있는 주체이다. 물론 이러한 공권력의 행사는 헌법적 한계 내에서 이루어져야 한다는 법치주의에 따른 제한을 받는다. 하지만 여기서 국가가 공익이라는 이름 하에 행해지는 강제적인 공권력의 행사가 '정당하냐의 문제'와 '효과적이거나 효율적이냐의 문제'는 구별할 필요가 있다. 바로 이 지점에서 전통적인 국가의 강제적 공권력이 오프라인에서와 마찬가지로 인터넷에서도 적용될 수 있느냐 혹은 적용하는 것이 효과적이냐의 문제가 등장하는 것이다.

둘째, 시장영역은 인터넷기업들에 의해서 주요 형성되는 영역이라고 할 수 있다. 인터넷시장이 지금보다 확대되고, 보다 많은 이용자들이 인터넷을 이용하기 위해서는 인터넷상의 역기능들을 해소할 수 있는 규제가 필요하다. 즉 보다 안전한 인터넷(safer Internet) 환경이 조성되어야만 인터넷기업들은 현재보다 많은 수익을 남길 수 있게 되는 것이다. 이러한 측면에서 인터넷 규제 혹은 규제시스템에 대한 이해관계나 관심은 인터넷기업의 입장에서도 클 수밖에 없을 것이고, 더 나아가서 인터넷기업은 규제시스템의 개발이나 설계에 있어서 자신들의 권한을 주장하게 될 것이다.

뿐만 아니라 예측가능성이 보장되는 인터넷 규제시스템의 개발도 인터넷기업에는 매우 큰 관심의 대상이 된다. 현재와 같이 기존의 오프라인 중심의 법제도가 기술의 발전이나 새로운 매체환경에 적절하게 대응하지 못하는 경우에서는 기업활동에 있어서 규제의 예측가능성이 보장될 수 없게 될 것이고, 이러한 기업활동의 리스크는 결과적으로 기업활동의 위축을 초래할 수밖에 없게 될 것이다.

셋째, 민간영역에서의 또 다른 주체인 이용자는 인터넷이 등장하면서 기존 오프라인상의 매스미디어와는 달리 매체의 특성으로 인해 자신의 정보통제능력이 매우 강화되어 있다. 이러한 측면에서 인터넷은 기존의 매체와는 다른 속성을 가지고 있는 것으로 평가되어 왔고, 규제시스템의 개발에서도 이용자의 존재를 무시한 시스템은 거의 상상하지 못하고 있는 실정이다. 예컨대 인터넷 콘텐츠 규제와 관련하여 특히 유럽에서 지금까지 논의되어 온 인터넷 규제시스템의 내용을 살펴보면, 인터넷 내용 등급 시스템(Internet Content Rating System)이나 인터넷 핫라인(Internet Hotline) 등 이용자의 정보통제나 적극적인 역할을 전제로 하는 것들이 대부분이다.

결국 위와 같은 3가지 주요한 주체들(국가, 시장, 이용자) 간의 규제권한의 배분방식을 국가의 입장에서 살펴보면, 방임, 균점, 과점, 독점의 형태로 가정될 수 있고, 각 유형의 특성은 표 2-1과 같다.[13]

---

13) 장우영, "인터넷 규제의 정치: 내용규제 레짐의 고찰을 중심으로", 「사회과학연구」 제14집 1호, 서강대학교 사회과학연구소, 2006, 40-42면.

표 2-1 • 규제권한의 배분방식에 따른 규제시스템 유형

유형	규제권한의 배분방식 (국가의 입장에서)	규제시스템 양식
I	방임	무정부형
II	균점	연방주의형
III	과점	봉건제형
IV	독점	군주제형

무정부형과 같이 국가가 규제권한을 완전히 방임한다는 것은 현실적으로 존재하기 어려울 것이다. 인터넷의 초창기에는 사이버공간을 일종의 '국가로부터의 해방구'로 인식하는 입장이 존재했다. 하지만 인터넷이 '실제 세상(real world)'에 미치는 효과나 영향이 분명히 존재하는 측면에서는 인터넷에 의해서 형성되는 사이버공간은 절대 해방구가 아니다. 다만 오프라인과는 별개의 법리나 논리가 적용될 수 있는 '또 다른 실제 공간(another real world)'일 뿐이다. 물론 여기서 인터넷이 기존의 매체와는 달리 '참여와 개방, 그리고 공유'를 그 특징으로 하면서, 기존의 오프라인 매체보다는 표현의 자유를 촉진하는 매체라는 점은 고려해야 한다.

국가가 모든 규제권한을 철저하게 독점하면서 인터넷과 정보를 통제하는 군주제형도 탈권위주의사회에서는 받아들이기 힘들다. 물론 싱가포르나 중국과 같은 국가에서는 여전히 이러한 형태의 규제시스템이 작동하겠지만, 적어도 한국에서는 이러한 규제시스템은 더 이상 받아들이기 힘들다는 것이 사회적 합의인 것으로 보인다.

연방주의형과 봉건제형 규제시스템의 핵심적 차이는 특히 콘텐츠 규제에서 누가 주도권을 쥐느냐의 차이에서 발생한다. 연방주의형에 해당

한다고 할 수 있는 것으로는 유럽에서 개발된 개념으로서 정부영역과 민간영역 간의 파트너십을 전제로 하는 공동규제시스템(co-regulatory scheme)을 들 수 있을 것이고, 봉건제형에 해당하는 것으로는 현재 한국의 정부 주도의 규제시스템을 들 수 있을 것이다. 전자는 주체들 간의 분권과 수평적인 네트워크 및 상호협력을 그 특징으로 하는 것이고, 후자는 정부의 우월적인 권한과 위계적인 구조를 그 특징으로 하는 것이다. 그런데 개방성, 탈중앙통제성, 다양성, 쌍방향성이라고 하는 인터넷의 특성들을 고려한다면, 후자인 봉건제형보다는 전자인 연방주의형이 인터넷의 특성에 부합한다고 할 것이다. 따라서 인터넷의 발전을 보다 촉진하기 위한 제도적 인프라로서의 규제시스템을 개발 또는 설계하는 경우에는, 가능한 연방주의형에 가깝게 하는 것이 인터넷의 발전을 촉진시키거나 전세계적인 추세에 부합하는 것이라 할 것이며, 봉건제형의 유지는 거의 '시대착오' 에 가깝다고 하겠다.

거시적으로 혹은 종합적으로 고찰해 보았을 때, 위의 분류방식에 의할 것 같으면, 한국에서의 인터넷 규제시스템의 개발 및 설계과정은 봉건제형을 유지하느냐 연방주의형으로 가느냐를 중심으로 국가 vs 시장 간의 갈등의 연속이었다고 평가할 수 있다. 하지만 이러한 갈등구조 속에서 여전히 그 승자는 '국가' 였다고 할 수 있다. 이러한 측면에서 한국의 인터넷 규제시스템은 봉건제형에 해당한다고 할 수 있다.

더 나아가서 여기서 우리가 의문을 제기할 필요가 있는 것은 과연 한국에서의 인터넷 규제시스템의 설계과정에서 이용자영역은 과연 어떠한 정체성과 역할을 부여받아 왔는가이다. 물론 국가 vs 시장 간의 갈등구조

속에서 이용자영역은 개인적으로 자신의 연령, 사회적 지위, 신분, 인터넷 등 정보통신기술에 대한 이해도 및 활용도, 인터넷의 기능과 관련된 이해관계 등에 따라서 국가를 지지하는 경우도 있고, 시장을 지지하는 경우도 존재한다. 하지만 시스템적으로 보았을 때, 대체적으로 한국에서의 인터넷 규제시스템의 설계과정에서 이용자영역은 어떻게 보면 철저하게 배제되어 왔고, 현재도 배제되어 있다는 평가가 가능하다. 비유적으로 설명하면, 아이들이 뛰어 노는 놀이터를 아이들의 의견이나 생각이 무엇인지 묻지 않고, 그냥 어른들이 마음대로 그 존폐 여부를 결정하는 것과 같다. 따라서 이러한 측면에서도 한국에서의 인터넷 규제시스템은 여전히 그 '봉건제적' 속성을 탈피하기 어렵다.

지금까지는 인터넷 규제에 이해관계를 가질 수 있는 관련 주체 간의 역학관계를 중심으로 규제시스템의 유형과 한국의 인터넷 규제시스템의 성격에 관한 고찰을 행하였다. 이제부터는 인터넷 '규제'가 '법제도화'의 형태를 띠는 경우에 그것이 가지는 일반론적 의미를 한번 간단하게 언급할 필요가 있을 것이다.

인터넷의 등장과 발전과정을 주도한 요소들은 논자에 따라 혹은 그 입장에 따라 다양하게 제시될 수 있겠지만, 그 중에서도 핵심적인 것은 다음 세 가지라고 할 수 있다.

첫째, '인터넷 기술 혹은 서비스의 발전'이다. 인터넷의 등장 자체가 새로운 기술의 발명과 응용에 의한 것이고, 인터넷의 발전도 새로운 기술 혹은 서비스의 등장에 의해 지속적으로 이루어진다는 점에서, 인터넷 기술 혹은 서비스의 개발과 발전이 인터넷 발전의 기본 인프라로서 기능하는 것은 당연하다.

둘째, '인터넷이용자' 이다. 인터넷은 기존의 오프라인매체와는 달리 쌍방향적이고도 개방적 매체로서의 성격을 지니고 있고, 따라서 기존의 수동적인 매체수용자와는 달리 인터넷 이용자는 매우 능동적이고 적극적인 성격을 지니고 있다. 이러한 특성을 가진 인터넷이용자가 인터넷의 발전을 지금까지 주도해 온 주요한 주체 중의 하나라는 점을 부인하기는 힘들 것이다.

셋째, '법제도' 이다. 인터넷을 규율 또는 규제하는 법률이나 법원의 판례뿐만 아니라, 국가의 정책도 법제도에는 포함된다. 이러한 법제도가 인터넷의 발전에 중요한 영향을 미치는 요소로서 기능하는 것은, 인터넷이 규제의 대상으로 설정되는 한 어떻게 보면 필연적이라 하겠다.

위 세 가지 요소들은 그 성격이나 인터넷을 둘러싸고 형성되는 문화, 그리고 인터넷 관련 법제도의 구조상 상호간에도 영향을 미치게 마련인데, 특히 법제도는 그 성격상 인터넷 관련 기술 혹은 서비스의 발전이나 인터넷이용자의 인터넷이용행위에 매우 큰 영향을 미친다. 바로 여기서 우리는 인터넷 규제시스템의 '법제도화' 가 갖는 중요한 의미를 다시 한번 더 음미할 필요가 있다. 어떻게 보면, 최근의 포털 규제와 관련된 모든 논의와 법제도화의 시도는 그 방향성이나 내용에 있어서 한국에서의 인터넷 규제시스템의 '법제도화' 를 상징하는 의미를 가지고 있다.

그런데 결론적으로 이야기하면 애석하게도, 한국에서 진행되고 있는 포털 규제의 법제도화의 방향이나 내용은 '인터넷에 대한 몰이해를 바탕으로 한 봉건제형 규제시스템의 유지'에 터 잡고 있는 것으로 보인다. 즉 과거의 봉건제형 규제시스템의 연장선상에 다름 아니라는 점에서, 매우 우려되는 현상이다.

III
인터넷: '가장 이상적인 사상의 자유시장'? 아니면 '질서 유지를 위한 규제의 대상'?

포털사이트 혹은 포털서비스는 인터넷을 전제로 하는 개념이다. 따라서 포털 규제의 문제는 결국 인터넷 규제의 문제라고 할 수 있다. 특히 최근 논의되거나 제안되고 있는 포털 규제입법들이라든지, 정보의 유통과 관련된 포털의 법적 책임에 관한 법원 판결들의 내용은 주로 포털을 통해서 매개 · 유통되는 콘텐츠규제와 관련되어 있는 것이 많다. 따라서 포털 규제의 문제는 인터넷에 대한 '내용적 규제(content regulation)'의 정당성 혹은 타당성 문제와 관련되게 된다. 바로 이 지점에서 헌법재판소가 2002년 6월 27일 불온통신(不穩通信)에 대한 정보통신부장관의 취급거부 · 정지 · 제한명령제도를 규정하고 있던 당시 전기통신사업법 제53조와 동법 시행령 제16조에 대해서 위헌결정[14)]을 내리면서 설시한 다음 내

14) 헌재 2002. 6. 27. 99헌마480, 전기통신사업법 제53조 등 위헌확인.

용을 다시 한번 음미해 볼 필요가 있다.

"인터넷은 공중파방송과 달리 '가장 참여적인 시장', '표현촉진적인 매체'이다. 공중파방송은 전파자원의 희소성, 방송의 침투성, 정보수용자 측의 통제능력의 결여와 같은 특성을 가지고 있어서 그 공적 책임과 공익성이 강조되어, 인쇄매체에서는 볼 수 없는 강한 규제조치가 정당화되기도 한다. 그러나 인터넷은 위와 같은 방송의 특성이 없으며, 오히려 진입장벽이 낮고, 표현의 쌍방향성이 보장되며, 그 이용에 적극적이고 계획적인 행동이 필요하다는 특성을 지닌다. 오늘날 가장 거대하고, 주요한 표현매체의 하나로 자리를 굳힌 인터넷상의 표현에 대하여 질서위주의 사고만으로 규제하려고 할 경우 표현의 자유의 발전에 큰 장애를 초래할 수 있다. 표현매체에 관한 기술의 발달은 표현의 자유의 장을 넓히고 질적 변화를 야기하고 있으므로 계속 변화하는 이 분야에서 규제의 수단 또한 헌법의 틀 내에서 다채롭고 새롭게 강구되어야 할 것이다."

헌법재판소의 불온통신 위헌결정은 인터넷 규제의 한계와 관련하여 다음과 같은 의의를 지니는 결정이었다.

첫째, 우리나라에 있어서 온라인매체의 내용적 규제입법에 대한 최초의 사법심사(司法審査)라는 점이다. 따라서 이 위헌결정은 향후 인터넷 내용규제입법의 방향이나 모델 설계에 있어서 사법적(司法的) 바로미터(barometer)가 될 것으로 평가되었다.

둘째, 헌법재판소의 위헌결정은 인터넷 등 온라인매체에 대한 내용적 규제의 한계 문제를 본격적으로 다루었다는 점에서 매우 중요한 의미를 지니고 있다. 그 역사적 의의는 1997년에 선고된 미국 연방대법원의 Reno v. ACLU판결[15)]에 버금가는 의미를 지니고 있다고 볼 수 있다. 뿐만 아니라 위헌결정을 내리는 논리에 있어서도 인터넷을 비롯한 온라인 매체를 '가장 참여적인 시장(the most participatory marketplace)', '표현촉진적인 매체(speech-enhancing medium)' 라고 인정함으로써, 미국 법원의 논리를 많이 원용했음을 알 수 있다.

원래 사상의 자유시장은 표현의 자유가 추구하는 여러 가치 중에서 진리발견 혹은 다양성의 확보라는 이념과 맞물려 있는 레토릭이다. 표현의 자유는 자유권적 기본권으로서 제한정부(limited government)를 전제로 하는 입헌주의 국가에서는 가능한 국가가 그것을 제한을 하거나 침해해서는 안 된다. 하지만 사상의 자유시장에서 표현의 자유를 '시장실패(market failure)' 가 발생하는 경우에는 예외적으로 국가가 규제적 조치를 갖고 시장에 개입할 수 있다. 신문시장에 대한 국가의 개입이라든지 방송에 대한 국가의 규제가 정당화되는 것도 바로 이러한 논리 때문이다.

그런데 헌법재판소가 설시하였다시피, 인터넷은 다른 매체와 달리 '가장 참여적인 시장' 이자 '표현촉진적인 매체' 이다. 따라서 인터넷에 대한 국가의 개입 내지 규제의 정당화요건은 인쇄매체 혹은 방송매체의 경우보다 보다 엄격하게 설정되어야 한다. 물론 그렇다고 해서 인터넷이 국가로부터 완전히 자유로운 '해방구' 는 아니다. 일정한 공익, 예컨대 소비자

---

15) 세계 최초의 인터넷 규제입법인 미국의 1996년 연방통신품위법(the Communications Decency Act: 일명 CDA)은 인터넷을 방송매체와 동일하게 취급하여 규제를 시도하였던 법률이었다. 하지만 연방통신품위법이 표현의 자유를 침해한다는 이유로 미연방대법원은 1997. 6. 26. 위헌선언을 내렸다(Reno v. ACLU[521 U.S. 844]).

보호, 청소년보호, 개인정보보호 등을 위해서 인터넷에 대해서 국가가 개입하거나 규제하는 것은 정당화된다.

하지만 최근의 포털 규제 관련 입법안들, '정보매개자' 로서의 포털의 법적 책임범위에 관한 최근 법원의 판결들, 이미 입법화된 제한적 본인 확인제 등은 인터넷의 속성 및 이념, 포털의 성격 및 기능, 표현의 자유의 이념 및 헌법원리에 비추어 볼 때, 정당화되기 힘든 것들로서 전형적으로 '질서 위주의 사고' 에 바탕을 둔 것들이라고 하겠다. 뿐만 아니라 인쇄매체나 방송매체의 경우에서도 볼 수 없는 과도한 규제장치들이 많이 제안되고 있다. 이러한 점에서 헌법재판소의 불온통신 위헌결정이 우리에게 제시한 '인터넷의 헌법적 의미' 와 '규제수단의 헌법적합성에 관한 함의' 를 재음미할 필요가 있는 것이다.

지금까지 우리는 거시적인 관점에서 한국의 인터넷 규제시스템이 봉건제형에 해당하고, 또한 헌법적 관점에서 '질서 위주의 사고' 에 바탕을 둔 것이라는 평가를 행하였다. 뒷부분에서는 보다 구체적인 맥락에서 최근에 제안되고 있는 포털 규제입법안의 문제점, 포털의 법적 책임 범위에 관한 법원 판결들의 문제점, 이미 법제도화되어 있는 제한적 본인 확인제의 문제점 등을 분석함으로써, 한국의 인터넷 규제시스템이 표현의 자유를 억압할 수 있는 위험성을 어떻게 내포하고 있는지를 살펴보도록 하자.

IV
포털: '정보제공자' 인가? '정보매개자' 인가?

:::::: Episode 1 – 포털 규제입법안의 문제점

1 정보매개서비스제공자의 법적 책임의 인정요소: '인지가능성' 과 '기술적 기대가능성'

최근 '포털의 사회적 책임론' 이라는 담론, 그리고 뒤에서 설명하겠지만, 포털 규제입법안이라든지 포털의 법적 책임의 범위와 관련된 최근 법원 판결들이 갖고 있는 가장 큰 오류는 포털의 성격 내지 기능에 대한 오해라고 할 수 있다. 즉 이들 담론과 그것의 법제도화 시도의 가장 큰 문제점은 포털이 기본적으로 '정보제공자(Content Provider)' 라는 점에서 출발하고 있다는 것이다. 하지만 포털은 기본적으로 온라인서비스제공자(Online Service Provider) 중에서 '정보매개자' 혹은 '정보매개서비스제공자' 에 해당한다. 즉 정보제공자 등 제3자가 제공하는 정보의 '유통'

과 이용을 '매개' 하는 서비스를 제공하는 기능을 수행하는 것이 포털의 본질적 성격 내지 기능이다.

포털이 정보제공자에 해당하느냐 아니면 정보매개자에 해당하느냐의 문제는 정보의 자유로운 유통 또는 표현의 자유에 대한 위축효과라는 관점에서 매우 중요한 규범적 · 실천적 의미를 가지고 있다. 이러한 관점에서 포털을 정보매개자가 아닌 정보제공자로 전제해서 일정한 규제를 가하거나 법적 책임을 확대하려는 시도는 포털의 성격 내지 기능에 대한 오해 또는 몰이해를 넘어서서 '봉건제형 인터넷 규제시스템 유지' 의 연장선상으로 이해될 수 있다.

물론 포털이 자신이 매개하는 정보로 인한 불법행위나 타인의 권리침해행위가 발생했을 경우에 그 사회적 책임 내지 법적 책임으로부터 완전히 자유로운 것은 아니다. 이러한 측면에서 '포털의 사회적 책임론' 이라는 담론은 나름대로 의미를 지닌다. 하지만 그렇다고 해서 정보제공자와 동일하게 책임을 져야 하는 것도 아니다. 그 이유는 바로 정보의 자유로운 유통을 보장함으로써 최대한 표현의 자유를 보장하려는 취지에서이다. 즉 정보매개자로서의 포털을 과잉규제하게 되면, 포털은 자신의 법적 책임을 면하기 위해서 자신을 통해서 유통되는 정보의 흐름을 '사적 검열' 이라는 수단을 통해서 차단하거나 막을 수밖에 없는 입장에 처해지게 된다. 결국 나름대로 선의의 목적에서 출발한 포털 규제가 그 방법론적 과잉성 내지 그 기저에 흐르는 인식의 오류 때문에, 인터넷 상에서의 표현의 자유 그 자체에 대해서 일종의 '위축효과(chilling effect)' 를 유발하게 되는 것이다. 표현의 자유에 관한 법리상, 이러한 위축효과는 헌법상 표현의 자유의 이념을 침해하는 것으로 간주된다. 특히 이러한 위축효과는 정치적 표현영역에서 심각한 것으로 고려된다. 예컨대 현행 공직선거법이 채택하고 있는 인터넷 관련 규제장치들, 즉 인터넷을 이용한 사전선거운동금지, 인터넷선거보도심의위원회제도 내지 선거게시판 실명제 등이 그 규제대상을 설정함에 있어서, 선거의 공정성확보에 치우친 나머지 포털을 그 대상으로 설정하거나 혹은 과잉된 규제를 하게 될 경우, 정치영역에 관한 자유로운 공론장의 형성과 정치에 대한 시민들의 관심을 오히려 질식시키거나 옥죌 수 있는 위험성을 갖고 있다.

한편 전통적으로 명예훼손 등 불법정보에 대한 법적 책임의 인정 여부 내지 그 범위는 당해 매체가 편집통제권(editorial control)을 가지고 있느냐의 여부 혹은 그 정도에 의해 결정되는 것이 일반적인 법리이다. 이러한 법리는 명예훼손 등에서의 온라인서비스제공자의 법적 책임의 문제에도 기본적으로 동일하게 적용될 수 있다. 물론 여기서 또한 고려해야 하는 요소는 '정보의 자유로운 유통'이라는 인터넷의 이념이다. 미국에서 온라인서비스제공자의 법적 책임범위와 관련하여, 기본적으로 '배포자(distributor)' 모델을 적용하는 것을 전제하는 것이라든지, '쌍방향컴퓨터서비스(interactive computer service)'의 제공자는 다른 정보제공자가 제공하는 정보의 '출판인 혹은 발화자(publisher or speaker)'로 취급되지 아니한다는 것과 쌍방향컴퓨터서비스 제공자가 선의의 자발적 조치로 음란정보 등을 차단하는 경우에는 그 자발적 차단조치로 인한 법적 책임을 면제시키는 것을 기본내용으로 하는 '착한 사마리안 조항'을 1996년 미국 통신품위법(Communications Decency Act: CDA)에 입법화시킨 것도 이러한 맥락에서 이해된다.

뿐만 아니라 독일의 경우 1997년에 제정되고 2001년에 개정된 「온라인서비스법(Teledienstgesetz: TDG)」에 제8조 내지 제11조에서 온라인서비스제공자의 법적 책임범위에 관한 일반조항을 명시하고 있으며, 일본의 경우도 2002년에 시행된 소위 '프로바이더책임제한법' 제3조에서 독일 온라인서비스법이 규정하고 있는 온라인서비스제공자의 법적 책임에 관한 일반조항과 동일한 취지의 규정을 담으면서, 정보매개서비스제공자의 법적 책임의 범위와 관련하여, '인지가능성' 과 '기술적 기대가능성' 이라는 두 가지 요소를 가장 기본적인 요소로 파악하고 있는 것도 바로 이러한 맥락에서 이해된다.

2 정보매개 관련 포털 규제법안의 문제점

온라인서비스제공자, 특히 정보매개서비스제공자에 대해서 과도한 법적 책임을 지우지 않는 이유는 정보의 자유로운 유통을 그 이념으로 하는 인터넷에서 표현의 자유에 대한 위축효과를 우려해서이다. 이러한 측면에서 보면 정보매개자인 포털을 정보제공자로 전제해서 규제하려는 시도나 정보제공자와 동일한 정도의 법적 책임을 인정하려는 최근 판례의 태도는 포털의 법적 성격이나 기능을 전혀 도외시하거나 혹은 표현의 자유에 대한 위축효과를 전혀 고려하지 않은 것이라 하겠다. 여기서는 '인지가능성' 과 '기술적 기대가능성' 이라고 하는 두 가지 요소를 고려하는 관점에서, 2007년 여름에 발표된 정보통신망법개정안에서 포털을 그 대상으로 하기 위해 제안된 규정의 문제점을 분석해 보기로 한다.

1 불법정보 차단의무 부과의 문제점

2007년 8월 1일 정보통신망법개정안 공청회에서 발표된 정보통신망법개정안 제44조의 8 제1항은 "정보통신서비스제공자는 자신이 운영 · 관리하는 정보통신망에 타인이 제44조의 7 제1항 각 호에 해당하는 불법정보를 일반에게 공개하여 배포 · 판매 · 임대 · 게재 기타 유통(이하 '유통' 이라 한다)시키고 있음을 안 경우 해당 정보의 유통을 지체 없이 차단하여야 한다"고 규정함으로써, 정보통신서비스제공자에 대해서 불법정보에 대한 차단의무를 부과하고 있고, 그 위반시에는 1억 원 이하의 과징금을 부과할 수 있도록 하고 있다(제68조 제1항). 이 규정의 문제점은 다음과 같다.

첫째, 과징금이라는 제재수단에 의해서 담보되는 불법정보 차단의무를 규제적 성격의 공법적 틀을 이용해서 정보매개자에게 부과하는 것이 적절하지 않다는 점이다. 즉 불법정보의 유통으로 인한 법적 책임은 정보매개자의 법적 책임에 관한 일반법에 의해 해결하면 되지, 이렇게 규제적 성격의 수단을 이용해서 별도로 정보차단의무를 강제할 것은 아니라는 점이다. 법률에서 제재수단을 담보로 직접적으로 불법정보 차단의무를 부과하는 것은 포털에 의한 사적 검열을 강요하는 결과를 초래하게 될 것이다. 이것이 정보의 자유로운 유통이라는 이념에 반하는 것은 당연하다. 따라서 이러한 규정보다는 오히려 독일이나 일본처럼 정보매개서비스제공자의 법적 책임에 관한 일반규정을 신설하는 것이 합리적이고 타당하다.[16)]

둘째, 이 규정의 기본취지가 정보매개자의 법적 책임에 관한 일반규정으로서 기능하도록 의도한 것은 아니지만, 일단 정보매개자의 법적 책임에 관한 일반법리에서 이러한 불법정보 차단의무를 유추한 것으로 보인다. 그런데 불법정보 차단의무가 부과되는 요건이 정보매개자의 법적 책임 인정에 관한 일반적인 요건에 비해서 너무 엄격하다는 문제점을 가지고 있다. 왜냐하면 이 규정의 내용을 살펴보면, 불법정보 차단의무가 인정되는 요건으로 '인지가능성' 만 규정하고 있지, '기술적 기대가능성' 이라는 요건은 규정하고 있지 않기 때문이다. 즉 불법정보의 유통을 차단하는 것이 기술적으로나 재정적으로 불가능하거나 기대하기 어려운 경우에는 정보매개자는 당해 불법정보에 대한 법적 책임이 면책된다. 따라서 불법정보 차단의무를 정보매개자의 법적 책임에 관한 일반법리에서 유추했다고 한다면, 법적 책임이 인정되지 않는 경우에는 이러한 의무도 당연히 면제되어야 할 것이다.

---

16) 2000년 7월 20일 「'정보통신망 이용촉진 등에 관한 법률' 개정을 위한 공청회」에서 발표된 당시 정보통신망법개정안에서는 독일 온라인서비스법상의 서비스제공자의 법적 책임에 관한 조항을 참조하여 제36조가 '정보통신서비스제공자의 책임' 이라는 제명하에 "① 정보통신서비스제공자는 정보통신망을 통하여 자신이 제공한 정보에 대하여 책임을 진다. ② 정보통신서비스제공자는 타인이 제공하거나 유통시킨 정보에 대하여 다음 각 호의 모두에 해당하는 경우에만 책임을 진다. 1. 당해 정보의 내용을 인지한 경우, 2. 당해 정보의 제공 또는 유통을 방지하는 것이 기술적으로 가능하며, 그것이 기대가능한 경우"를 규정하고 있었다.

2 일반적 · 상시적인 적극적인 모니터링의무 부과의 문제점

2007년 8월 1일 정보통신망법개정안 공청회에서 발표된 정보통신망법개정안 제44조의 8 제2항에서는 "정보통신서비스제공자는 자신이 운영 · 관리하는 정보통신망을 통한 불법정보의 유통을 차단할 수 있는 인력 · 조직 · 시설 · 운영체계 등을 갖추어야 한다"고 규정함으로써, 일반적 · 상시적인 적극적인 모니터링을 위한 인력, 조직, 시설, 운영체계 등의 구비의무를 부과하고 있다. 뒤에서 분석할 명예훼손과 관련된 최근의 하급심판결들도 결과적으로 정보매개자인 포털에 대해서 일반적 · 상시적인 적극적 모니터링의무를 부과하게 되었다는 점에서 그 문제점을 지적하지 않을 수 없다.

정보유통으로 인한 타인의 권리침해나 기타 개인적 · 사회적 법익침해행위가 발생하였을 때, 일률적으로 정보매개서비스제공자의 법적 책임을 인정하거나 혹은 과도하게 인정할 경우에는 오히려 정보매개서비스제공자에 의한 사적 검열을 강화하게 함으로써, 인터넷의 기본철학인 자유로운 정보유통과 공유에 반하는 결과가 초래될 수 있다는 점을 염두에 두어야 한다. 이것이 결국 인터넷상에서의 표현의 자유의 위축을 가져다주는 것은 명약관화하다. 이러한 지적들은 인터넷이용자의 저작권침해행위에 대한 온라인서비스제공자의 법적 책임분야에 있어서 이미 이전부터 지속적으로 이루어져 왔던 것이다.

그리고 미국 보통법상의 법리에서 배포자모델은 상시적인 모니터링의무를 전제하고 있지 않으며, 독일의 온라인서비스법이나 일본의 프로바이더책임제한법상의 법적 책임에 관한 조항도 정보매개서비스제공자의 상시적인 모니터링의무를 부과한 것으로 해석되지 않고 있다. 정보매개서비스제공자에게 일반적·상시적인 적극적 모니터링의무를 인정하지 않는 이유는 정보매개서비스제공자는 기본적으로 정보의 '배포자'에 해당한다는 인식이 터잡고 있기 때문이다.

V

포털: '정보제공자' 인가? '정보매개자' 인가?

:::: Episode 2 - 포털의 법적 책임범위에 관한 법원 판결의 문제점

앞에서 문제점을 분석한 포털 관련 규제법안뿐만 아니라, 정보의 유통으로 인한 피해발생에 대한 포털의 법적 책임과 관련된 최근의 법원 판결들도 포털을 '정보매개자' 가 아닌 '정보제공자' 로 전제하고 있는 것으로 보인다. 이러한 최근의 법원 판결들의 움직임은 포털 관련 규제법안과 마찬가지로, 포털의 법적 성격이나 기능을 전혀 도외시하거나 혹은 표현의 자유에 대한 위축효과를 전혀 고려하지 않은 것으로 평가될 수 있다. 여기서는 최근의 대표적인 사례 두 가지를 소개한다.

1 서울중앙지방법원 2007. 5. 18. 2005가합64571, 손해배상(기)등

1 사실관계

원고 甲은 소외 乙의 딸인 丙과 2004. 4. 친구의 소개로 만나 1년간 교제하다가 2005. 4. 丙에게 헤어질 것을 요구하였는데, 이에 같은 달 丙은 유서를 남기고 자살하였다. 이에 소외 乙은 피고 중 하나가 운영하는 포털 사이트의 미니홈피서비스 내에 있는 丙의 미니홈피에 호소문을 올리는 한편 甲이 다니던 대학 인터넷 게시판에도 丙의 미니홈피를 방문해 줄 것과 丙의 사연을 널리 퍼뜨려 줄 것을 호소하는 글을 게재하였다. 이후 이와 같은 내용의 사실들이 언론에 기사화되고, 이 기사들이 포털 뉴스서비스를 통해서 유통되었다. 뿐만 아니라 피고 포털사이트들이 제공하는 지식검색서비스, 검색서비스, 블로그서비스, 카페서비스 또는 토론방서비스 등에 호소문의 내용, 丙의 미니홈피 주소, 甲과 丙의 사진 및 신상정보 등이 게시되거나 표시되었다. 이에 원고 甲은 위와 같은 신상정보 등을 유통시킨 포털들을 상대로 명예훼손을 이유로 하는 손해배상청구의 소를 제기하였다.

2 판결의 요지

재판부는 명예훼손의 법적 책임과 관련하여, 포털이 제공하는 뉴스서비스나 검색서비스, 그리고 심지어 블로그나 카페 등 커뮤니티서비스에서도 명예훼손적 내용의 정보나 자료들의 유통을 방지하지 아니한 책임을 인정하여, 국내 주요 포털사이트 대부분에 대해서 명예훼손 관련 법적 책임을 인정하였다.

3 판결의 문제점

위 판결은 정보 '제공' 자가 아닌 정보 '매개' 자로서의 포털의 성격이나 기능을 오해하고 있는 결과, 정보매개서비스제공자로서의 포털의 법적 책임을 정보제공자의 법적 책임에 준할 정도로 너무 과도하게 인정해 버렸다는 치명적인 문제점을 안고 있다. 위 판결의 문제점을 보다 구체적으로 지적하면 다음과 같다.

첫째, 포털이라든지 홈페이지 게시판 운영자와 같이 정보매개자의 법적 책임범위와 관련하여, '인지가능성' 과 '기술적 기대가능성' 을 기본요건으로 해서 여러 가지 상황을 종합적으로 고려해야 한다는 기준을 제시한 기존 대법원 판례[17]에 비추어 보아도, 포털에 대해서 과도한 책임을 인정하였다는 점을 들 수 있다.

둘째, 뉴스 '전달' 서비스 내지 뉴스 '매개' 서비스에 불과한 포털 뉴스서비스를 출판인모델이 적용되는 등 '전통적인 의미에서의 언론' 기능을 수행하는 언론사 · 방송사와 동일하게 취급하고 있다는 점에서

17) 예컨대 청도군청 홈페이지 사건을 들 수 있다. 대법원 2003. 6. 27. 선고 2002다72194 참조.

근본적 오류를 범하고 있는 것이다. 이 부분은 사실 '포털의 언론성' 문제와 관련되어 있다. 최근 몇 년 사이에 포털에서 제공하는 '뉴스서비스'가 '전통적인 의미에서의 언론'에 해당하는가의 문제가 학문적 · 사회적 관심의 주된 대상이 되고 있다. 여기에서 말하는 포털의 뉴스서비스란 포털 자체가 직접 뉴스를 제작 · 제공하는 서비스가 아니라, 각종 신문사나 방송사가 취재 · 제작한 뉴스를 이들 신문사나 방송사와의 계약을 통해서 공급을 받고, 이렇게 공급받은 뉴스를 포털 자신의 사이트에서 이용자에게 제공하는 서비스를 말한다. 포털이 제공하는 뉴스서비스는 '뉴스유통플랫폼'으로서 기능하는 것이기 때문에, 엄밀하게 이야기하면 '뉴스전달서비스' 내지 '뉴스매개서비스'라고 할 것이다.

포털의 언론성을 인정하는 견해는 주로 포털의 뉴스서비스가 전통적인 언론과 마찬가지로 의제설정기능과 게이트키핑기능을 수행한다는 인식에서 출발하고 있다. 이러한 포털의 언론성 담론의 연장선상에서 포털 뉴스서비스가 '전통적인 의미에서의 언론'에 해당하는 것을 전제로, 포털에 대해서 인터넷신문과 같이 동일한 법적 책임을 지우는 것을 내용으로 하는 각종 입법안들이 국회에 제출되어 있다. 앞 판결에서 재판부의 기본태도도 이들 입법안의 기본태도와 동일하다고 할 수 있다. 그런데 현재 우리 사회에서 진행되고 있는 포털의 언론성에 관한 담론과 입법화의 시도는 순수한 학문적 동기 내지 포털로 인한 여러 가지 피해의 효과적 구제를 위한 것이라기보다는, 기존 언론 및 정치권에 의해 정치적 · 상업적 목적으로 이루어지는 성격이 강하다.[18] 결론적으로 이야기하면, 포털 뉴스서비스는 전통적인 의미에서의 언론이라고 볼 수 없고, 따라서 전통적인 의미에서의 언론임을 전제로 해서 책임을 부과하는 입법안들과 위 판결은 사물의 본성을 오해한 잘못을 범하고 있다.

셋째, '내용중립적' 서비스라고 할 수 있는 검색서비스와 관련하여, 포털이 검색 내용을 실질적으로 통제할 수 있는 관리자의 역할을 수행한다는 것을 전제하고 있다는 점에서 또한 근본적 오류를 범하고 있다.

넷째, 커뮤니티서비스와 관련하여 일반적인 공원이나 운동장 등의 공간을 제공한다고 해서 공간제공자가 그 공간 내에서 이루어지는 행위에 대한 법적 책임을 지는 것은 아니라는 점을 고려하지 않고 있다. 즉 커뮤니티서비스는 일종의 '공개 광장(public forum)' 이라는 점을 간과하고 있는 것이다.

---

18) 기존의 오프라인신문사나 방송사들이 포털의 언론성에 대해서 공격적인 입장을 취하는 배경에는 광고시장에서의 주도권 문제가 관련되어 있는 것으로 분석되고 있다. 즉 포털의 성장으로 인해 광고시장에서 점점 기존 오프라인신문이나 방송이 차지하는 점유율이 줄어들고 있는 점이 배경으로 작용하고 있는 것으로 분석된다. 하지만 만약 포털로 인한 시장의 '창출효과' 가 기존 언론사들이 차지하고 있던 광고시장에 대한 '대체효과' 보다 크다고 한다면, 기존 언론사들이 포털에 대해 취하고 있는 공격적인 입장은 결과적으로 인터넷 이용자의 요구나 필요에 반하는 효과를 초래할 수 있다는 점을 염두에 두어야 할 것이다. 한편 정치권에서 포털의 언론성에 대해서 공격적인 입장을 취하는 배경에는, 여론에 대한 포털의 영향력에 대한 막연한 두려움이 깔려 있는 것으로 분석되고 있다. 기존에는 오프라인신문이나 방송은 정치권과의 암묵적인 유착관계를 형성하고 있었다. 즉 신문사나 방송사의 데스크를 통한 게이트키핑과정에 정치권이 영향력을 행사할 수 있는 여지가 있었던 것이다. 하지만 포털의 경우에는 특히 뉴스서비스의 경우에는 그것이 기존 언론사의 뉴스를 제공받아 그대로 전달 또는 매개하는 서비스에 그치기 때문에, 기존처럼 이러한 정치적 관계가 형성되기 힘들다. 따라서 어떠한 방식이든지 포털을 규제하지 않으면, 자신들에게 불리하게 작용할 수 있는 정치적 여론형성을 사전에 억제할 수 없게 될 것이라는 두려움이 있는 것이다.

다섯째, 앞의 판결이 채택하고 있는 논리나 그 결론에 비추어 볼 때, 결과적으로 온라인서비스제공자에게 '사실상' 일반적 · 상시적인 적극적 모니터링의무를 부과하게 되었다는 점을 들 수 있다.

2 전여옥 사건

앞에서 그 문제점을 분석한 서울중앙지법판결과 동일한 맥락에서 문제점을 안고 있는 것이 소위 '전여옥 사건'으로 통칭되는 서울남부지방법원 2006. 9. 8. 2005가단18300, 손해배상(기) 판결 및 그 항소심판결인 서울고등법원 제13민사부 2008. 1. 16. 2006나92006, 손해배상(기) 판결이다.

1 사실관계

1) 이 사건의 원고는 국회의원 전여옥씨이고, 피고 甲은 포털서비스를 제공하는 사업자이고 피고 乙은 이 포털사업자에에 뉴스콘텐츠를 제공하는 인터넷언론사다. 피고들 사이에는 2004년 9월 30일부터 뉴스콘텐츠 공급계약이 체결되어 있고, 피고 乙의 기자들이 피고 乙의 뉴스사이트에 접속하여 기사 내지 정보를 등록하면 피고 乙의 뉴스팀이 편집을 한 후 이를 피고 乙의 뉴스사이트에 올리게 되고, 피고 乙의 서버에 저장된 기사와 정보는 다시 1분 간격을 두고 자동으로 피고 甲이 운영하는 서버에 그대로 전송된다. 피고 甲은 피고 乙로부터 전송받은 기사와 정보를 자신

의 포털서비스에 수정없이 그대로 게재하되 기사제목만을 기사 내용에서 뽑아 링크를 걸어 이용자들이 기사제목을 클릭하면 기사와 정보의 내용으로 이동하도록 하고 있다. 피고 甲은 2005년 1월 31일 피고 乙을 비롯한 각 언론사에 기사 수정 및 삭제 요청시 반드시 피고 甲의 포털서비스 대표메일로 요청할 것을 통보하였다.

2) 피고 乙의 某기자는 2005년 3월 8일 당시 서울시장이던 이명박 시장이 기자와 대화 도중 열린우리당 김현미 대변인이 "이 시장이 여의도에 살고 있다시피 하고 있다"라고 말한 것에 대하여 불쾌감을 표시하면서 말을 그렇게 함부로 할 수 있느냐는 식의 이야기를 하자, 이를 기사화하면서 '김현미 대변인'을 '전여옥 대변인'으로 잘못 입력하였다.

3) 위 기사가 같은 날 18시 50분경 피고 甲의 포털서비스로 이명박 시장의 사진과 함께 자동 전송되었고, 이에 피고 甲은 같은 날 19시경 분야별 주요뉴스 중 시사분야란에 이명박 시장 "전여옥, 말을 그리 함부로 하나"라는 제목의 기사를 게재하였다.

4) 위 기사가 게재된 지 50여 분이 지나 피고 乙은 같은 날 19시 51분경 위 기사 중 '전여옥 대변인' 부분을 '김현미 대변인'으로 수정하였으며, 피고 甲의 포털서비스에 게재된 기사도 자동으로 수정되었다.

5) 피고 乙은 위 기사가 수정되었으면 위 계약에 따라 이메일로 수정요청을 하였어야 함에도 불구하고 피고 甲에 즉시 이메일 통보를 하지 아니하고 뒤늦게 피고 甲에 통보를 함에 따라, 당해 기사의 제목은 같은 날 21시 30분경에 이르러서야 수정되었다.

2 제1심 판결의 요지

제1심에서 담당재판부는 원고의 명예훼손에 대한 피고 甲과 피고 乙의 연대책임을 인정하면서, 특히 외부 언론사가 작성한 사실과 다른 기사를 포털사이트의 뉴스페이지에 게재한 포털에 대해서 "불특정 다수가 접속하여 볼 수 있는 포털사이트를 운영하는 피고 甲으로서는 기사의 대상이 되는 인물에 대한 관계에서는, 자신의 사이트에 게재되는 기사가 사실내용과 맞는지 여부를 확인하는 작업을 통하여 기사의 대상인물에게 명예훼손 등의 손해를 입히지 않도록 주의할 의무가 있다고 할 것이고, 피고들 간의 내부 관계에서 기사작성과 전송 및 게재의 체계상 피고 甲이 기사의 진실성을 확인할 수 있는 방법의 여지가 없다고 하더라도 그와 같은 사유는 피고들 내부에서 책임의 분담을 정할 때 주장할 사유는 될 수 있을지언정 허위기사로 인하여 피해를 입은 원고에 대하여 대항할 수 있는 사유가 된다고 볼 수는 없으므로"(밑줄 필자강조) 피고 甲의 면책주장을 받아들이지 않았다.

3 제2심 판결의 요지

항소심에서 담당재판부는 통상 언론매체의 핵심적 요소로 취재, 편집 및 배포의 3가지 기능을 전제한 뒤, 뉴스서비스를 제공하는 포털사이트가 명예훼손의 주체인 언론매체에 해당하는지 여부를 직접적으로 다루고 있다는 점에서 주목을 요한다.

우선 배포의 면에서, 피고 甲은 언론사로부터 기사를 제공받아 인터넷이라는 인프라를 통해 인터넷에 접속하는 누구에게나 그 기사를 전달하고 있고, 더욱이 그 게시하는 기사 밑에 댓글을 작성할 수 있는 공간까지 만들어 기사에 대한 관심을 유도하고 때로는 기사 자체의 내용을 넘어서는 정보교환 또는 여론형성을 유도하고 있기도 하므로, 피고 甲은 기존의 어떤 언론매체보다 월등한 배포의 기능을 갖추고 있다고 보았다.

둘째, 편집의 면에서, 피고 甲이 언론사들로부터 전송받는 기사들을 정치 · 사회 · 연예 등 분야별로 분류하고, 그 나름의 해석작업을 통해 속보성 · 화제성 · 정보성 등의 기준에 따라 기사를 취사선택하여 분야별 주요 뉴스란에 배치하며, 언론사들로부터 전송받은 특정 사안과 관련한 다수의 기사를 포괄적으로 표현할 필요가 있거나 위 주요 뉴스란의 공간적 제약으로 긴 제목을 축약할 필요가 있는 경우에는 기사의 제목을 변경하여 붙이기도 하는 점 등에 비추어, 피고 甲은 편집기능 또한 수행하고 있는 것으로 볼 수 있다고 보았다.

셋째, 취재의 면에서, 피고 甲이 자체 취재인력 없이 제휴 언론사들로부터 공급받는 기사를 게시하는 역할에 머물고 있지만, 기존 언론사들도 통신사라는 뉴스공급자로부터 뉴스를 공급받고 그와 같이 공급받은 뉴스에 대하여 자사가 제공하는 지면 또는 전파에서 자사가 취재한 기사와 동등한 지위를 부여하여 보도하고 있음에 비추어, 피고 甲의 위와 같은 역할 역시 일종의 유사 취재 개념에 포섭된다고 볼 수 있다고 보았다.

담당 재판부는 위와 같이 뉴스서비스를 제공하는 포털사이트가 송고된 기사의 단순한 전달자 역할에 그치는 것이 아니라 취재, 편집 및 배포 기능을 두루 갖춘 언론매체에 해당한다는 것을 전제로, "비록 피고 甲이

기사 제공자인 언론사들과 사이에 송고된 기사내용 그 자체에 대하여 수정 · 변경을 가할 수 없는 대신 그 기사 내용으로 인한 손해에 대하여는 해당 언론사가 전적으로 책임지기로 하는 내용의 뉴스 콘텐츠 공급계약을 체결해 두고 있다 하더라도, 이는 내부적인 책임 분담에 관한 약정에 불과하다 할 것이고, 따라서 피고 甲이 원고에 대한 명예훼손 내용이 담긴 이 사건 기사의 제목을 적극적으로 특정 영역에 배치하여 자신의 사이트에 접속하는 사람으로 하여금 이 사건 기사에 쉽게 접할 수 있도록 한 이상, 피고 甲으로서는 원고에 대하여 해당 언론사인 피고 乙과 함께 손해배상책임을 부담한다"고 판시하였다.

4 판결의 문제점

기술적 · 재정적 기대가능성의 부재

먼저 전여옥 사건에서 제1심 재판부는 정보매개서비스제공자의 법적 책임에 관한 일반법리에 비추어 보아도, 포털의 주의의무를 너무 넓게 설정하였고, 그 결과 포털의 법적 책임을 '출판인(publisher)모델' 에 따라 과도하게 인정하였다는 문제점을 안고 있다.

항소심 재판부가 사실인정에서도 인정하고 있다시피, 피고 甲의 경우에는 피고 乙을 비롯한 100여개의 언론사들과 '뉴스 콘텐츠 공급계약' 을 체결하고 언론사들이 작성 · 생산한 뉴스를 '1일 평균 1만건 정도' 전송받고 있다. 여기서 우리가 상식적으로 의문을 제기할 수 있는 것이, 과연 '1일 평균 1만건 정도' 의 기사 모두에 대해서 사실내용과 맞는지 여부를 확인하는 작업을 통하여 기사의 대상인물에게 명예훼손 등의 손해를 입히지 않도록 주의할 의무를 현실적으로 이행할 수 있는가의 문제가 제기된다. 특히 법리적으로 볼 때, 명예훼손의 성립 여부에 있어서는 단순히 '피해자의 명예감정의 침해 여부' 라고 하는 객관적 사실의 문제뿐만 아니라 공익성, 진실성, 상당성이라고 하는 일정한 '규범적 가치평가' 가 전제되어 있다는 점을 염두에 둘 때, 현실적으로 주의의무의 이행이 가능한가의 문제는 더욱더 어려운 문제를 야기시킨다.

결론적으로 이러한 의무의 이행은 기본적으로 포털과 같은 정보매개서비스제공자에 대해서는 '기술적 · 재정적 기대가능성' 이 인정될 수 없는 경우라고 할 수 있다. 따라서 정보매개서비스제공자의 법적 책임에 관한 일반법리상 그 책임을 인정할 수 없는 경우임에도 불구하고, 이러한 포털의 기능이나 성격에 대한 심도있는 분석없이 단지 명예훼손적 내용의 기사가 제공되는 하나의 '유통경로' 였다고 해서 무조건 주의의무를 인정하고 결과적으로 법적 책임을 인정하는 것은, 포털에 대한 몰이해에서 비롯된 것이라 하겠다.

포털 뉴스서비스의 성격에 대한 오해

항소심 재판부는 앞에서 분석한 서울중앙지방법원 판결과 마찬가지로, 포털이 뉴스서비스의 제공에 있어서 출판인모델이 적용되는 신문사나 방송사 등 '전통적인 의미에서의 언론' 기능을 수행하는 언론사처럼 뉴스기사에 대한 편집통제권을 행사하는 것을 전제로 하고 있다는 점에서 보다 치명적인 문제점을 안고 있다. 즉 항소심 재판부는 통상 언론매체의 핵심적 요소로 취재, 편집 및 배포의 3가지 기능을 전제한 뒤, 뉴스서비스를 제공하는 포털이 이러한 기능 3가지를 모두 갖추고 있다고 보고 있는 것이다.

하지만 앞에서도 언급하였듯이, 포털 뉴스서비스는 새로운 방식의 뉴스 유통플랫폼에 불과한 것으로서, 엄밀하게 이야기하면 포털 뉴스서비스는 뉴스 '전달' 서비스 내지 뉴스 '매개' 서비스에 불과하다. 즉 포털의 뉴스서비스는 검색서비스와 마찬가지로 정보 '매개' 서비스의 또다른 유형에 불과할 뿐이지, 언론사처럼 어떤 이데올로기를 지향하는 서비스가 아니다.

항소심 재판부의 논리대로라면, 뉴스서비스를 제공하지 않고 검색서비스만 제공하는 포털도 언론매체에 해당하게 된다. 왜냐하면 검색이라는 것이 제3자가 제작한 정보를 검색하여(항소심 재판부의 논리에 따르면 이것은 '취재'에 해당함), 그 검색결과를 일정한 논리에 따라 그룹핑하고(항소심 재판부의 논리에 따르면 이것은 '편집'에 해당함), 그리고 그것을 이용자가 접근해서 클릭하여 이용할 수 있도록 제공하는 것(항소심 재판부의 논리에 따르면 이것은 '배포'에 해당함)이기 때문이다.

VI

인터넷 익명성: 모든 인터넷 역기능의 근원?

1 인터넷 실명제의 기본목적

현재의 포털 규제의 이데올로기 내지 이념적 기반을 엿볼 수 있는 또 다른 대표적 경우가 바로 소위 '인터넷 실명제'의 문제라고 할 수 있다. 인터넷 실명제는 '봉건제형 인터넷 규제시스템'을 공고히 하는 대표적인 수단일 뿐만 아니라, 이용자의 인터넷 이용행태와 인터넷의 특성에 대한

19) 예컨대 정보통신망법 제44조의 5 제1항 제2호는 '정보통신서비스제공자로서 제공하는 정보통신서비스의 유형별 일일평균 이용자수 10만 명 이상으로서 대통령령으로 정하는 기준에 해당되는 자'에 대해서만 본인확인조치의무를 부과하고 있고, 동법시행령 제22조의 3 제1항은 본인확인조치의무를 지는 정보통신서비스제공자의 범위를 다음과 같이 제시하고 있다. 첫째, 전년도말 기준 직전 3개월간의 포털서비스(다른 인터넷주소 · 정보 등의 검색과 전자우편 · 커뮤니티 등을 제공하는 서비스) 일일평균 이용자수가 30만 명 이상인 정보통신서비스제공자, 둘째, 전년도말 기준 직전 3개월간의 인터넷언론서비스(「언론중재 및 피해구제 등에 관한 법률」 제2

몰이해에서 야기된 전형적인 실패정책이라고 할 수 있다.

2004년 3월 12일 공직선거법에 소위 '선거게시판 실명제'가 도입된 이후 한국 사회에서는 인터넷 실명제를 둘러싼 정부와 시민사회 간의 논쟁이 지속적으로 이루어져왔다. 그런데 인터넷 실명제에 대한 논의 내지 제도화가 단순히 선거의 공정성을 위한 선거제도개선의 일환으로만 이루어진 것은 아니었다. 즉 2005년도에 들어와서부터는 소위 '개똥녀 사건'과 '연예인 X파일 사건'을 계기로 악성 루머나 인신공격 등 언어폭력을 통한 사생활 침해나 명예훼손과 같은 인권침해적인 역기능 방지 차원에서, 인터넷 실명제를 인터넷 전반에 확대하려는 시도가 정부 차원에서 이루어졌으며, 결국 2007년 1월 26일 공포된 개정 정보통신망법에서 소위 '일반게시판 실명제'가 도입되게 된다. 그리고 이러한 선거게시판 실명제나 일반게시판 실명제는 국내 대부분의 포털들이 그 적용대상으로 설정됨으로써[19], 오늘날 대표적인 포털 규제시스템으로서 작동하고 있다. 또한 선거게시판 실명제와 일반게시판 실명제의 '정당성' 및 그 '효용성'에 관한 논쟁은 지금까지도 현재진행 중이다.

결국 공직선거법상의 '선거게시판 실명제'와 정보통신망법상의 '일반게시판 실명제'가 법제도화되기까지의 과정을 살펴보면, 이 두 가지 제

조 제1호에 따른 언론을 정보통신망을 이용하여 제공하는 서비스) 일일평균 이용자수가 20만 명 이상인 정보통신서비스제공자, 셋째, 전년도말 기준 직전 3개월간의 전문손수제작물매개서비스(이용자가 직접 만든 디지털콘텐츠를 전문적으로 매개하는 서비스) 일일평균 이용자수가 30만 명 이상인 정보통신서비스제공자. 이러한 기준에 따라 정보통신부는 2007. 4. 25 일반게시판 실명제 적용대상 정보통신서비스제공사업자 35곳을 선정하여 통보하게 된다. 이들 업체로는 네이버, 다음 등 포털 16곳, 조인스닷컴, iMBC 등 인터넷언론 14곳 및 판도라TV, 엠군 등 UCC 전문사이트 5곳 등을 들 수 있다.

도를 포함한 인터넷실명제의 기본적인 목적은 '본인인증시스템의 강제적 구축을 통한 의사표현의 통제' 에 있다고 할 수 있다.

2 인터넷 실명제는 '빈대를 잡기 위해서 초가삼간 불태우기'!

선거의 공정성확보라든지 혹은 피해자의 사생활 및 인격권보호라고 하는 그 나름대로의 대의명분을 갖고 있는 공직선거법상의 '선거게시판 실명제' 와 정보통신망법상의 '일반게시판 실명제' 를 포함한 인터넷 실명제는 우선 "익명성은 도덕적으로 중립적이다" 라는 인터넷에서의 익명성보호를 위한 기본원칙에 반한다.

사이버공간에서 익명으로 의사소통할 수 있는 가능성은 인터넷의 가장 중요하고도 가치있는 특징들 중의 하나이다. 사이버공간에서의 익명성은 인터넷의 형성 당시부터 태생적으로 정보에 대한 자유로운 접근 및 유통 그리고 표현의 자유를 보장하는 장치이기 때문에, 그것을 제한하거나 제거해야 된다는 것은 사이버공간이 자유를 상실한 공간이 된다는 것을 의미한다. 즉 사이버공간에서의 익명성이 인터넷을 '자유의 기술' 로 인식하게 하는데 크게 기여했다면, 그 익명성의 제거는 곧 인터넷이 '감시의 기술' 로 전락할 수 있는 가능성을 내포하게 되는 것이다.[20] 역사적

20) 고경민, 「인터넷은 민주주의를 이끄는가」, 삼성경제연구소, 2006, 48면.

으로 볼 때, 익명성은 속박과 억압이 아닌 '자유'라고 하는 근대사회에서의 개인적 자유주의의 가치와 서로 맞닿아 있다고 할 수 있다. 인터넷이 등장하면서 이러한 익명성은 보다 강화된 자유의 기술로서 작동하게 되는 것이다. 물론 익명에 의한 커뮤니케이션이 명예훼손이나 비방 등 범죄목적으로 악용되는 경우도 존재할 수 있겠지만, 익명에 의한 커뮤니케이션의 긍정적 가치를 부정할 수는 없을 것이다.

이러한 맥락에서 '미국과학발전협회(American Association for the Advancement of Science)'는 1997년 11월 회의에서 향후 인터넷에 대한 규제시스템이나 규제정책들을 설계함에 있어서 온라인에서의 익명커뮤니케이션(anonymous communication online)을 보장하기 위한 4가지 원칙을 다음과 같이 제시한 적이 있다.[21)]

첫째, 익명성은 도덕적으로 중립적이라는 원칙이다. 익명성을 이용하여 야기될 수 있는 양면성, 즉 순기능적 측면과 역기능적 측면을 구분하는 것이 중요하고, 역기능적 측면이 순기능적 측면을 불필요하게 제한하는 근거로 활용되어서는 안 된다는 점을 강조하고 있다. 따라서 이 원칙에 입각하면, 익명성에 대한 도덕적 가치판단을 전제로 해서 모든 인터넷상의 일탈행위 내지 역기능의 원인이 익명성에 있고, 그 익명성을 제거하면 이러한 역기능이 해소될 것이라는 현행 인터넷 실명제의 기본철학은

---

21) Rob Kling, Ya-ching Lee, Al Teich & Mark S. Frankel, "Anonymous Communication Policies for the Internet: Results and Recommendations of the AAAS Conference", in Robert M. Baird, Reagan Ramsower & Stuart E. Rosenbaum(ed.), *Cyberethics: Social & Moral Issues in the Computer Age*, Prometheus Books, 2000, 99-101면.

굉장히 단순한 발상이자 논리의 비약이라고 할 것이다.

둘째, 익명커뮤니케이션은 강력한 인권(strong human right)이자 헌법상의 권리(constitutional right)로 간주되어야 한다는 원칙이다. 그 규범적 근거로 제시되고 있는 것이 1948년 유엔총회에서 채택된 「인권선언(Universal Declaration of Human Rights)」 제12조(사생활의 자유) 및 제19조(표현의 자유), 미연방헌법 수정 제1조이다.

셋째, 온라인커뮤니티에 대해서 익명커뮤니케이션의 이용에 관한 자신만의 고유한 정책이나 조건을 설정할 수 있게 허용되어야 한다는 원칙이다. 즉 개인이 실명으로 의사표현을 하든 익명으로 의사표현을 하든, 또한 게시판 등의 온라인커뮤니티를 운영하는 자가 실명제방식으로 그것을 운영하든 익명제방식으로 운영하든, 각 개별 주체에게 선택권을 보장해야 한다는 원칙을 의미한다. 따라서 공직선거법상의 선거게시판 실명제나 정보통신망법상의 일반게시판 실명제는 국가가 실명제방식을 법적으로 강제한다는 점에서, 이러한 자율성원칙에 반하게 되는 셈이다.

넷째, 개별 인터넷이용자에 대해서 자신의 정체성이 온라인에서 어느 정도 공개되어 있는지에 관해 통지를 받아야 한다는 원칙이다. 즉 이용자는 자신이 이용하는 온라인서비스가 어떠한 조건으로 익명성을 어느 정도까지 허용하고 있는지에 관해서 충분히 고지받아야 한다는 것을 의미한다. 이러한 원칙을 투명성원칙(principle of transparency)이라 할 수 있는데, 위의 자율성원칙의 논리적 필연이라고 할 것이다.

한편 인터넷 상에서의 익명성은 2003년 5월 28일 유럽회의(Council of Europe)의 각료위원회(Committee of Ministers)에 의해 채택된 「인터넷 상에서의 커뮤니케이션의 자유에 관한 선언(Declaration on freedom of communication on the Internet)」에서도 인터넷 상에서의 커뮤니케이션과 관련하여 회원국들이 준수해야 할 원칙들 7가지 중의 하나로 제시되고 있다. 동 선언이 제시하고 있는 7가지 원칙들 중에서 가장 마지막에 제시되고 있는 제7원칙은 익명성(anonymity)에 관한 것으로서, 온라인감시로부터의 보호와 정보 및 사상의 자유로운 표현을 신장시키기 위하여 회원국들은 자신의 정체를 공개하지 않으려는 인터넷이용자의 의사를 존중해야 한다는 점을 천명하고 있다. 물론 이것이 회원국들이 범죄행위를 저지른 사람들을 추적하기 위한 적절한 조치를 취하는 것을 막는 것은 아니라는 점도 부가하고 있다.

익명성보호를 위한 기본원칙 위반 이외에, 인터넷 실명제는 헌법적 관점에서도 익명표현의 자유 및 정치적 표현의 자유의 침해가능성, 영업의 자유에 대한 침해가능성, 개인정보보호에 관한 헌법원칙의 위배가능성 등에서 많은 문제점들을 내포하고 있다.

사실 인터넷 실명제의 정당성에 관한 논의 이면에는 위와 같은 법규범적 관점 이외에 보다 본질적인 문제가 깔려 있다. 그것은 바로 인터넷 혹은 인터넷의 속성을 바라보는 일종의 '관점' 내지 '시각'이라고 할 수 있다. 즉 인터넷의 특성이자 본질 중의 하나가 '익명성'이고, 이러한 익명성이 인터넷을 통한 사회적 담론형성의 동력이 되어 왔다는 점을 염두에 둘 때, 익명성으로 인한 역기능적 현상들을 규율하거나 통제할 목적으로 익명성을 제거하는 것이 과연 합리적인 정책대안이 될 수 있는가의 문제가 이면에 깔려 있는 것이다. 정부는 익명성을 인터넷의 역기능적 속성으로 파악하여 인터넷공간에 '국가 주도의 규제시스템' 을 구축하거나 여전히 '봉건제형 인터넷 규제시스템' 을 유지하려는 반면에, 시민사회라든지 시장영역에서는 익명성을 인터넷의 장점 내지 순기능적 속성으로 파악하여 국가 주도의 규제시스템을 인터넷의 발전을 저해하는 장애물로 보고 있는 것이다.

결론적으로 현재 공직선거법을 통해서 제도화된 '선거게시판 실명제' 와 현재 정보통신망법을 통해서 제도화된 '일반게시판 실명제' 는 한마디로 말해서 '빈대를 잡기 위해서 초가삼간을 불태우는 것' 과 같다. 실제로 익명성이라는 요소가 선거게시판 실명제나 일반게시판 실명제의 도입을 정당화하는 여러 가지 역기능과의 직접적인 관련성이 분명하지 않은 상황에서, 표현의 자유를 직접적으로 침해하거나 혹은 그 위축효과로 인한 표현의 자유에 대한 사실상의 제한효과를 유발하는 선거게시판 실명제나 일반게시판 실명제는 과도한 수단이 아닐 수 없다.

VII

끝나지 않는 이야기 – 쿼바디스 인터넷?

우리는 지금까지 한국에서의 인터넷 규제시스템에 대한 거시적 평가를 시작으로, 인터넷의 헌법적 의미를 음미한 다음, 포털 규제법안의 문제점, 포털의 법적 책임에 관한 최근 법원 판결들의 문제점, 이미 법제도화된 인터넷 실명제의 문제점을 분석하였다.

정치 · 경제 · 사회 · 문화적 영역에서의 민주주의 발전과정에 있어서 인터넷의 기능과 역할에 대해서는 여러 가지 논쟁이 존재할 수 있지만, 적어도 한국 사회에서는 순기능적인 역할을 해 왔음은 부인할 수 없다. 하지만 인터넷은 명(明)과 암(暗)이 동시에 존재하는 곳이다. 즉 밝은 곳과 어두운 곳이 동시에 존재하고, 또한 선(善)과 악(惡), 가능성과 위험성이 동시에 존재하는 영역이기도 하다. 그런데 인터넷을 규제하려는 정부나 국가의 입법적 시도는 언제나 어두운 측면, 악의 측면, 위험성만을 바라보고 있다. 따라서 인터넷을 인터넷답게 만들어주는 개방성, 역동성을 극도로 제한하려 하고, 인터넷이 아닌 현실 세계에 비중을 두며, 기존 질서를 유지하려 한다.[22] 그런데 문제는 과학적 · 객관적 논거 및 합리적 논의가 결여된 채 이루어지는 이러한 국가의 규제시도나 사회적 담론은 자칫하면 인터넷의 발전을 가로막는 장애물이 될 수도 있다는 점을 염두에 두어야 할 것이다. 우리가 우려하는 것은 현재의 포털 규제담론이라든지 법제도화의 내용이나 방향이 바로 이러한 위험성을 다분히 내포하는 방식으로 설정되고 있다는 것이다. 자칫 잘못하면 현재의 포털 규제론이나 법제도화는 우리 사회의 인터넷 규제시스템 그 자체의 방향성을 고착화시킬 수도 있다.

이러한 우려를 단적으로 보여주는 사례가 바로 최근 미국산 소고기 수입협상과 관련되어 인터넷에서 진행된 논의와 이명박 대통령에 대한 탄핵서명운동을 바라보는 정부의 시각을 들 수 있다. 미국산 소고기 수입협상과 관련된 인터넷의 다양한 논의를 보면, 의제설정기능을 통한 여론왜곡의 위험성이 있는 기존의 매스미디어와 달리, 인터넷이 '공론장'으로서의 기능을 수행할 수 있는 가능성이 있는 매체라는 것을 알 수 있다. 하지만 오히려 정부는 자신의 잘못을 반성하기보다는 여론왜곡의 진원지가 인터넷이라는 색안경을 끼고 있고, 오히려 인터넷을 규제하려는 정책을 추진하려고 하고 있다. 이러한 정부의 시각은 "빛이 환한 곳에서 특정 부분이 어둡다고, 전체 불을 꺼버리는 우를 범하는 것"이라 하겠다. 이러한 맥락에서 현재의 포털 규제론이나 법제도화는 매우 신중하게 논의되고

---

22) 우메다 모치오 지음/이우광 옮김, 「웹(Web) 진화론」, 재인, 2006, 32면.

진행되어야 한다는 점을 백번 강조하여도 지나침이 없을 것이다.

그렇다면 우리는 여기서 다시 '쿼바디스 인터넷?' 이라는 질문에 대한 해답을 비록 추상적이나마 한번 고민해 볼 필요가 있다. 어떻게 보면 해답은 간단하게 찾을 수 있을지도 모른다. 즉 인터넷이 가지고 있는 밝은 면은 보다 더 밝게 하고, 어두운 면은 완전히는 불가능하겠지만 밝은 빛이 들게 하면 될 것이다. 문제는 '방법론' 이다. 그럼 이 문제에 대한 대답은 뭘까? 결론적으로 우리가 꿈꾸는 인터넷의 미래는 정부영역과 민간영역간의 '상호협력과 이해' 를 통한 거버넌스가 구축되어 있는 '놀이터' 이어야 한다고 생각한다.

마지막으로 외쳐본다. "우리의 놀이터를 다시 우리의 품으로!!"

한국의 인터넷을 論하다

Chapter

04

인터넷, 그 새로운 환경과 범죄의 온상?

:::::: 인터넷, 그 클린환경을 위한 처벌주의를 다시 생각함

홍승희
원광대학교 법과대학

I

인터넷 환경과 범죄

1 인터넷, 그 새로운 환경의 시작

이제 '인터넷' 은 더 이상 낯설지도, 새롭지도 않은 용어다. 나아가 굳이 기술적 정의를 내리지 않아도, 우리는 이미 인터넷을 체험하고 있으며, 인터넷과 더불어 함께 살고 있다. 인터넷은 초기에는 현실세계와 구분되는 가상공간인 사이버세계로 이해되었다. 그러나 이제는 현실세계가 가상세계에 반영되고, 가상세계가 현실세계에 밀접하게 영향을 주면서 양자의 이분법적 구분은 더 이상 의미가 없어졌다. 그러나 여전히 1980년대 중반 이후 보급되기 시작한 인터넷 환경은 그 이전의 환경과 확연히 다른 몇 가지 특징으로 오프라인과 차별화될 수 있는데, 이러한 차별화는 인터넷 환경이 우리에게 주는 생활 및 업무의 편리함에서 보다는, 인터넷 보급 이전의 환경에서는 나타나지 않은 새로운 문제점으로부터 더욱 부각된다고 할 수 있다.

2 인터넷 환경의 특징

먼저 인터넷 환경의 새로운 특징을 꼽아보자면 첫째, 시 · 공간의 무제약성 및 전파성 둘째, 익명성 및 비대면성 셋째, 손쉬운 접근성 넷째, 정보의 양방향성 다섯째, 정보의 대량 생산 및 축적화 그리고 이를 통한 정보격차의 감소를 들 수 있다. 이들 특징을 좀더 자세히 살펴보면 다음과 같다.

첫째, 인터넷 환경은 **시 · 공간적 무제약성(비경계성)**과 **전파성**을 특징으로 한다. 즉 현실세계의 시 · 공간적 한계를 극복함으로써 사이버공간을 매개로 한 행위의 결과는 실시간 내지 거의 동시에 전달가능하게 되었다. 이로부터 인터넷 환경을 통한 전파력 또한 현실세계인 물리공간에서와 비교할 수 없을 정도로 강화되었는데, 극대화된 전파성은 이용자들 간의 정보격차를 줄여줌으로써 정보의 독점화를 통한 권력화를 크게 완화시켰으며, 정보의 '공유' 라는 인식을 통해 공감대를 형성하는 긍정적인 기능을 담당하고 있다. 반면 전파성을 통해 피해가 다수에게 확대된다는 측면에서 또한 부정적인 기능이 부각되기도 한다. 이러한 인터넷의 전파성은 다른 특징들을 가능하게 하는 기본 요소가 되기도 한다.

둘째, 인터넷은 **익명성 · 비대면성**을 특징으로 한다. 즉 이용자가 검색

등과 같은 소극적인 활동 이외에 인터넷의 다양한 웹사이트에 회원가입하여 보다 적극적인 활동을 하는 경우, 대다수의 이용자는 자신의 실명이 아닌 대리인적 성격을 갖는 ID 또는 대화명으로 활동을 한다. 즉 현실세계에서 자신의 정체성을 드러내는 자신의 실제이름, 성별, 나이 등과 같은 다양한 신분성을 감춘 채 익명성을 통해 활동을 한다. 이러한 익명성은 또한 인터넷의 비대면적 성격으로인해 더욱 극대화된다. 즉 인터넷 이용자는 모니터를 통해 접속하고, 또다른 모니터를 통해 접속한 이용자와 만난다. 이로써 상대방과 얼굴을 맞대지 않는 비대면적인 상태로 만나게 된다. 이러한 비대면성은 인터넷의 익명성을 가능하게 하고, 이로부터 이용자들은 현실세계에서보다 더욱 직설적이고 대담한 화법과 사고를 인터넷 가상공간에서 펼칠 수 있게 되었다. 이러한 인터넷의 익명성 · 비대면성으로부터 윤리의식은 감소하게 되며, 나아가 신분노출이 감춰지게 됨으로써 적발의 우려가 줄어들면서 사회적 일탈행위로 나아갈 가능성이 보다 높아지게 되었다.

셋째, 인터넷은 **쉬운 접근성**을 특징으로 한다. 유 · 무선 정보통신망의 폭넓은 보급으로 오늘날 인터넷접속에 대한 지역차는 거의 없다고 해도 과언이 아니며, 나아가 이제 컴퓨터를 이용한 인터넷 접속뿐만 아니라 개인휴대폰을 이용한 인터넷 접속도 가능하게 되었다. 특히 우리나라는 인터넷망 보급률이 2008년 현재 1가구당 0.93 가입자로서 OECD 가입 국가 가운데 1위를 차지할 정도로[23] 대부분의 가정에서 인터넷접속이 가능

23) 2008년 5월 1일 미국의 비영리단체인 ITIF(The Information Technology & Innovation Foundation)가 OECD 가입국들의 인터넷보급률, 가격, 속도를 종합적으로 조사하여 전체 순

하게 되었으며, 이동전화가입률도 82%에 이르는 등 대부분의 사람들이 휴대폰을 이용하고 있고 이러한 대부분의 휴대폰에서 인터넷접속이 가능함으로써 인터넷은 시 · 공간차 없이 언제 어디서나 손쉽게 접근가능하다는 점을 특징으로 들 수 있다.

넷째, 인터넷은 **정보의 양방향성**이라는 특징을 갖는다. 기존 현실세계에서 정보는 일방향성이었다. 즉 일반적인 정보제공자라 할 수 있는 언론사, 방송사를 비롯하여 출판사 등이 정보의 송신자가 되어 일방적으로 정보를 제공하였으며, 일반인은 단지 이들 정보송신자가 내보내는 정보를 일방적으로 수신하는 역할만 담당하였다. 그러나 이제 인터넷에서 정보의 생산자는 제한이 없으며, 이로부터 인터넷 이용자는 현실공간에서는 정보의 수신자에 불과했던 지위에서, 이제 인터넷 환경에서는 정보의 적극적 제공자, 즉 정보의 송신자 기능도 함께 할 수 있게 되었다. 더욱이 통방융합이라는 통신과 방송의 융합을 통해 정보의 생산과 송신기능은 더욱 강화될 것으로 보인다.

다섯째, 앞서 살펴본 정보의 양방향성, 즉 기존에는 정보를 수신하는 지위에 머물렀던 일반인이 인터넷을 이용하면서 정보의 적극적 생산이 가능하게 되었고, 이렇게 수많은 인터넷이용자로부터 이제 인터넷을 통한 다양한 정보의 대량적 생산이 가능하게 되고, 이러한 생산된 정보는 또한 디지털화를 통해 대량 축적이 가능하게 되었다(**정보의 대량 생산**

위(2001-2007)를 발표하였는데, 우리나라는 전체 30개 국가들 중 종합점수 15.92로 1위를 차지하였으며, 2위는 종합점수 15.02로 일본이 차지하였다. 일본과는 종합적인 점수에서는 차이가 안나지만, 보급률에 있어서는 일본이 1가구당 0.55가입자로, 그리고 보급률 2위인 아일란드는 1가구당 0.83가입자로, 보급률에 있어서는 우리나라가 월등히 높음을 알 수 있다.

및 축적화). 인터넷은 디지털환경의 하나라고 할 수 있다. 즉 인터넷에는 오늘날 개인정보를 포함한 많은 정보가 다양한 형태로 디지털화되어 생산되고, 전송되고, 축적되고 있다. 이로써 디지털화된 정보의 대량 생산과 함께, 디지털화된 인터넷정보는 또한 현실공간에서와 비교할 수 없을 정도로 대량 축적되었다.

3 인터넷 일탈행위?

위에서 살펴본 인터넷 환경의 특징을 통해 우리는 새로운 문화를 접하게 되었으며, 새로운 행동양식을 갖게 되었고, 이는 일상생활 및 업무 등에도 많은 긍정적인 변화를 가져오게 되었다. 그러나 긍정적인 효과를 가져온 인터넷의 대표적인 속성인 시 · 공간의 한계를 극복한 빠른 전파성, 비대면성, 쉬운 접근성, 정보의 양방향성, 정보의 대량생산 등은 다른 한 편으로는 다양한 부작용도 함께 가져오게 되었다. 역기능은 우리가 현실세계에서의 그것과 차별화된 것으로 이해되기도 하지만, 또한 유사한 형태로 이해되기도 한다. 현재 이러한 역기능을 통칭해서 '인터넷 일탈행위' 라 부를 수 있다.

그런데 이러한 일탈행위는 흔히 알고 있는 범죄와는 구분이 되는 행동양식이다. 좀 더 정확히 말하면, 광범위한 일탈행위의 일부 범주에 범죄가 포함된 것일 뿐이다. 그런데 많은 사람들은 일탈행위를 모두 형사처벌해야 하는 범죄로 잘못 알고 있다. 양자의 대표적인 차이로는 일탈행위와 범죄, 각각의 행동양식을 금지하는 규범이 궁극적으로 보호하려는 이익의 차이를 들 수 있다. 먼저 형사처벌을 수반하는 범죄란 범죄로 간주되는 금지된 행동양식과 처벌규정을 내용으로 하는 형법규범에서 보호하는 이익, 즉 법익을 침해하는 행위이다. 여기서 법익은 다시 일반적으로 "헌법의 기본권에 관한 장(헌법 제2장)에서 열거하고 있는 생명, 신체, 재산, 인격과 명예, 행동의 자유, 주거의 자유, 성적 자유 등의 「인간의 기초적인 공존조건」이라 할 수 있으며,[24] 바로 이러한 법익을 침해하는 일탈행위만을 범죄로 간주하여 형사제재하여야 한다.

그러나 이와 달리 일탈행위는 이러한 형법규범에 열거된 법익을 침해하지 않아도 성립하는 행동양식을 말하는데, 예컨대 중고등학생이 담배를 피운다거나, 등교하지 않는 등의 학칙에 어긋나는 행위, 그리고 회사에 무단결근하거나 상급자의 지시나 명령을 위반하는 등의 사칙(社則)에 어긋나는 행위, 나아가 목사가 흡연을 하거나, 신부 및 승려가 가정을 꾸리는 등의 종교 교리에 어긋나는 행위 등을 들 수 있다. 이러한 행위는 일반인에게 적용되는 형법이 아닌 각 집단의 구성원에게 적용되는 내부규정인 학칙이나 교칙, 사칙, 교리 등의 사회규범에 규정되어 있으며, 그 제재방식도 형벌이 아닌 정학, 감봉 및 견책, 면직 등의 제재로 일탈행위를 방지할 수 있다.

위의 예에서 보듯이, 대부분의 일탈행위는 형법이 보호하는 법익을 침해하지 않으며, 따라서 비범죄적 성격의 일탈행위를 범죄로 간주하는 것

---

24) 이상돈, 법학입문, 법문사, 2007,4, 134-135면 참조.

은 지나친 처벌주의적 발상이라고 할 수 있다.

한편 인터넷을 통한 부작용은 폭넓게 사회적 일탈행위로 간주할 수 있다. 그러나 위에서 살펴보았듯이 모든 일탈행위를 형벌이 필요한 범죄로 간주하는 것은 매우 위험한 생각이다. 이는 첫째, 형벌은 처벌받는 사람의 기본권까지 침해하기 때문이며, 둘째, 일탈행위의 가능성은 범죄의 그것 보다 비교할 수 없을 정도로 크고 손쉬우며, 또한 상대방을 해친다는 인식이 희박한데, 다수의 일탈행위를 범죄로 간주하게 되면, 대다수의 시민을 범죄자로 만드는 결과가 되기 때문이다. 따라서 비범죄적 일탈행위와 범죄적 일탈행위를 명확히 구분해야 하며, 일탈행위를 범죄로 간주할 때에도 범죄적 요소가 있는지 충분한 심사숙고가 있어야 한다.

현재 인터넷의 광범위한 보급을 통해 대다수가 이용하고 있는 현실에서 인터넷을 이용한 부작용, 즉 새로운 일탈행위가 발생하고 있음은 부인할 수 없는 사실이다. 그리고 인터넷보급률이 높은 우리나라에서 이러한 일탈행위는 보급률에 따른 전파성의 확대로부터 피해범위가 확산된다는 인식 아래 전반적으로 범죄로 간주되는 경향이 강하였다. 따라서 인터넷을 통해 발생하는 일탈행위는 일반형법인 형법 외에 제 · 개정이 보다 손쉬운 특별형법인 '정보통신망 이용촉진 및 정보보호에 관한 법률(이하 '정통망법' 이라 함)' 을 중심으로 하여 발빠르게 범죄화되는 경향이 있었으며, 아직도 여전히 범죄화로 가는 길목에 서 있다고 할 수 있다. 따라서 아래에서는 인터넷이라는 새로운 환경에서 발생하는 새로운 일탈행위에 대한 우리나라의 처벌주의에 대해 다시 검토해보고자 한다.

II 인터넷범죄화

1 인터넷범죄란?

앞서 언급했듯이, 비범죄적 일탈행위와 구분되는 범죄란 형법이 보호하는 법익, 즉 헌법이 보장하고 있는 기본권 등을 침해하는 행위를 말한다. 따라서 인터넷범죄란 인터넷을 이용하여 헌법이 보장하고 있는 기본권 등의 법익을 침해하는 행위로 간주할 수 있다.[25] 이러한 인터넷범죄는

25) 일반적으로 인터넷범죄는 사이버범죄, 정보통신범죄 등으로 유사하게 언급되기도 한다. 엄밀히보면, 이들 범죄는 조금씩 차이를 보이지만, 인터넷범죄는 인터넷이 정보통신망을 이용한다는 점에서 정보통신범죄와 같다고 할 수 있으며, 인터넷에 접속하지 않아도 내부전산망을 매개로 발생하는, 즉 사내의 인트라넷과 같은 사이버공간에서 발생하는 범죄와도 구별의 실익이 크지 않다는 점에서 일반적으로 사이버범죄와도 같은 의미로 이해되고 있다. 참고로 이와 비슷한 인터넷상의 개념정립 문제로서 '온라인서비스제공자(Online Service Provider: OSP)'를 들 수 있는데, 온라인서비스제공자는 현재 인터넷서비스제공자(Internet Service Provider: ISP),

다시 또 세분화할 수 있는데, 즉 첫째는 인터넷망이 보급되기 전의 기존 일반범죄의 유형과 유사한 형태로서, 일반 범죄의 법익침해가 단지 정보통신망을 매개하여 발생하는 형태이다(일반범죄형 인터넷범죄). 두 번째는 컴퓨터를 이용하나, 정보통신망을 매개하지 않고 발생하는, 대부분 형법에서 규정하고 있는 기존 컴퓨터범죄가 정보통신망을 통하여 발생하는 형태이다(컴퓨터범죄형 인터넷범죄). 세 번째는 기존 일반범죄 및 컴퓨터범죄와는 차별화된 새로운 형태로서 정보통신망을 매개함으로써 새롭게 등장한 범죄형태로 분류할 수 있다(신종 유형 인터넷범죄). 분류에서 보듯이 인터넷범죄 모두가 갑자기 발생한 신종범죄는 아니며, 다만 정보통신망을 매개함으로써 일반범죄유형과 흡사한 형태가 많다.

2 인터넷범죄의 유형분류

이러한 인터넷범죄의 유형을 보다 세분화해서 분류해보면 다음과 같다. 먼저 가)의 인터넷범죄는 일반범죄형 인터넷범죄로서, 일반범죄의 명

정보통신서비스제공자, 전자게시판운영자(BBS Operator), 온라인서비스사업자 등과 혼용해서 불리고 있다. 그러나 첫째, 인터넷서비스제공자(ISP)는 인트라넷과 같은 통신망에서 발생하는 권리침해의 문제를 포괄하지 못한다는 점에서 온라인서비스제공자 보다 좁은 개념이며, 둘째, 정보통신서비스제공자란 온라인상 발생하는 권리침해의 책임여부를 묻기 어려운 단순운송자(common carrier)와 같은 기간통신사업자와 별정통신사업자 모두를 포괄하는 개념이므로, 온라인서비스제공자보다 넓은 개념이며, 셋째, 온라인서비스사업자는 비영리기관이나 개인을 포함하기 어려우므로, 영리목적을 갖지 않거나 개인도 모두 포괄하는 온라인서비스제공자와는 구별된다.

예훼손, 음란물유포, 청소년유해매체물유포, 스토킹, 도박, 저작권침해 등이 정보통신망과 결합하여 인터넷범죄로 분류될 수 있는 범죄를 말하며, 나)의 인터넷범죄는 기존 컴퓨터범죄인 컴퓨터사용사기, 기술적수단에 의한 비밀침해, 전자기록손괴 등이 정보통신망과 결합하여 인터넷범죄로 분류되는 범죄를 말한다. 이로써 가)와 나)의 인터넷범죄는 익숙한 범죄 형태라 할 수 있다. 그러나 다)의 인터넷범죄는 정보통신망의 등장으로 새롭게 발생한 신종 유형의 인터넷범죄라 할 수 있다.

		예	=	정보 통신망	=	범죄 유형	예
가)	**인터넷 범죄**	인터넷명예훼손 인터넷음란정보유포 청소년유해정보유포 인터넷스토킹 인터넷도박 인터넷저작권침해	=	정보 통신망	+	일반 범죄	명예훼손 음란물유포 청소년유해매체물유포 스토킹 도박 저작권침해
나)	**인터넷 범죄**	인터넷사기 인터넷비밀침해 인터넷정보손괴	=	정보 통신망	+	기존 컴퓨터 범죄	컴퓨터 사용 사기 기술적 수단에 의한 비밀 침해 전자기록손괴
다)	**인터넷 범죄**	해킹 바이러스유포 스팸메일 개인정보침해	=	정보 통신망	+	신종 유형	

가) 일반범죄형 인터넷범죄

인터넷범죄	=	정보통신망	+	일반범죄
a. 인터넷명예훼손(정통망법 §70)	⬅	정보통신망	⬅	명예훼손 (형법 §307)
b. 인터넷음란정보유포 (정통망법 §§44조의7① Nr.1, 74) (성폭력특별법 §14; 통신매체이용음란죄)	⬅	정보통신망	⬅	음란물유포 (형법 §243)
c. 인터넷청소년유해표시위반 유해정보유포 (청소년보호법 §7 Nr.4, 10) (정통망법 §§42, 73 Nr.1)	⬅	정보통신망	⬅	청소년유해 매체물유포 (청소년보호법 §50 Nr.1, 1의2)
d. 인터넷스토킹 (정통망법 §§44조의7 ① Nr.3, 74)	⬅	정보통신망	⬅	스토킹 (경범죄처벌법 §1 Nr.53)
e. 인터넷도박(형법 §246,247)	⬅	정보통신망	⬅	도박(형법 §246,247)
f. 인터넷저작권침해 등 (저작권법 §§124,136)	⬅	정보통신망	⬅	저작권침해 (저작권법 §§124,136)

나) 컴퓨터범죄형 인터넷범죄

인터넷범죄	=	정보통신망	+	기존 컴퓨터범죄
g. 인터넷사기(형법§§347, 347의2)	⬅	정보통신망	⬅	사기(형법 §347) 컴퓨터사용사기 (형법 §347의2)
h. 인터넷비밀침해	⬅	정보통신망	⬅	컴퓨터비밀침해 (형법 §316②)
(정통망법 §§49, 71 Nr.6) (통신비밀보호법 §§ 3, 16①)				
i. 인터넷정보손괴	⬅	정보통신망	⬅	데이터손괴(형법 §366)
(정통망법 §49, 71 Nr.6)				

다) 신종 유형 인터넷범죄

인터넷범죄	=	정보통신망	+	신종 유형
j. 악성프로그램유포(정통망법 §48②, 71 Nr.4)	⬅	정보통신망		
k. 해킹(정통망법 §48①, 72①)	⬅	정보통신망		
l. 스팸메일(정통망법 §§50, 76① Nr.2)	⬅	정보통신망		
m. 메일주소 무단수집(§§50조의2 ①, 74)	⬅	정보통신망		
메일주소 판매유통(§§50조의2 ②, 74)	⬅	정보통신망		
메일주소 오남용(§§50조의2 ③, 74)	⬅	정보통신망		

3 인터넷범죄 개관

인터넷범죄는 위에서 보듯이 일반범죄형, 컴퓨터범죄형, 신종범죄형으로 다시 분류할 수 있으며, 이들 각각의 범죄유형은 모두 정보통신망이라는 매체와 결합하면서 새롭게 인터넷범죄로 분류되는 범죄라고 할 수 있다. 정보통신망이라는 연결매체의 특수성으로 인해 다수의 인터넷범죄는 정통망법이라는 특별법에서 규정하고 있는데, 특별법이 시대적인 변화에 발빠르게 대응할 수 있고, 제 · 개정이 비교적 손쉽다는 점에서 선호되고 있다. 이러한 인터넷범죄의 구체적 법적용을 살펴보면 다음과 같다.

1 일반범죄형 인터넷범죄

일반범죄형 인터넷범죄로는 인터넷명예훼손(a), 인터넷음란정보유포(b), 청소년유해정보유포(c), 인터넷스토킹(d), 인터넷도박(e), 인터넷저작권침해(f) 등을 대표적으로 들 수 있다.

인터넷명예훼손(a)

먼저 인터넷명예훼손죄는 현재 정통망법 제70조에서 규정하고 있는데, 정통망법의 2001년 1월 16일 제2차 전문개정 당시 제정되었다. 구체적 내용으로는 '사람을 비방할 목적으로 정보통신망을 통하여 공연히 사실이나 허위사실을 적시하여 타인의 명예를 훼손' 하는 것을 말한다. 즉 인터넷명예훼손죄는 인터넷이라는 가상공간에서 타인에 대해 비방할 목적을 갖고, 사실(제70조 제1항)이나 허위사실(제70조 제2항)을 적시함으로써 타인의 명예를 훼손하는 것을 말한다. 이때 사실을 적시하는 경우에는 3년 이하의 징역이나 금고 또는 2천만원 이하의 벌금에 처하고, 인터넷에 허위사실을 적시함으로써 명예를 훼손하는 경우에는 7년 이하의 징역, 10년 이하의 자격정지 또는 5천만원 이하의 벌금으로 형량이 사실적시에 비해 크게 상향된다.

반면 정보통신망을 이용하지 않는 일반 명예훼손죄(형법 제307조)는 '공연히 사실이나 허위사실을 적시하여 사람의 명예를 훼손' 하는 것을 말하는데, 사실을 적시하는 경우에는 2년 이하의 징역이나 금고 또는 500만원 이하의 벌금에 처하고(형법 제307조 제1항), 허위사실을 적시하여 타인의 명예를 훼손하는 경우에는 5년 이하의 징역, 10년 이하의 자격정지 또는 1천만원 이하의 벌금(형법 제307조 제2항)에 처하게 된다.

여기서 위의 두 행위, 즉 인터넷명예훼손죄와 일반명예훼손죄의 법정형을 비교해보면 '인터넷' 을 이용한 명예훼손(인터넷명예훼손죄)의 법정형이 인터넷을 매개하지 않는 일반명예훼손에 비해 월등히 높음을 알 수 있다. 이는 인터넷명예훼손이 정보통신망이라는 전파성 높은 매체를 이용함으로써, 그만큼 명예훼손의 피해범위가 확대된다는 점에서 가중된 법정형의 근거를 찾기도 한다.

이러한 인터넷명예훼손의 '전파성' 근거로부터 인터넷명예훼손죄는 일반명예훼손죄 보다는 '출판물에 의한 명예훼손죄' (형법 제309조)와 비교될 수 있다. 출판물에 의한 명예훼손죄도 또한 일반명예훼손죄의 가중처벌형태인데, '사람을 비방할 목적으로 신문, 잡지 또는 라디오 기타 출판물에 의하여' 사람의 명예를 훼손하는 경우에 성립한다. 즉 인터넷 명예훼손죄와 같이 -일반 명예훼손에서는 요건으로 하지 않는- '비방목적' 을 그 성립요건으로 하고 있으며, 법정형도 3년 이하의 징역이나 금고 또는 700만원 이하의 벌금에 처함으로써, 인터넷명예훼손죄와 징역형도 같다. 실제로 '출판물에 의한 명예훼손죄' 의 가중처벌 근거도 '전파성' 에서 찾고 있는데, 판례[26]에서도 출판물 등을 이용하는 경우에는 '높은 전파성', '신뢰성', '장기간의 보존가능성' 등으로 인하여 피해자에 대한 법익침해의 정도가 크다는 점에 가중처벌의 이유가 있다고 보았다. 따라서 '전파성' 이 높다는 점에서 인터넷명예훼손죄를 정통망법에 제정할 당시에도 유사한 형태인 '출판물에 의한 명예훼손죄' 를 참고하여 법정형을 마련하였으며, 실제 양자의 법정형은 징역형의 경우 같다.

한편 전파성만을 기준으로 해서 보면, '인터넷매체' 는 출판물 보다 전파성이 월등이 높다. 이러한 이유로 법정형은 징역형에서는 같지만 벌금형에서는 '출판물에 의한 명예훼손죄' 가 700만원 이하인데 반하여 인터넷명예훼손죄는 2천만원 이하로 월등히 높게 규정되어 있다. 그러나 정보통신망이 '높은 전파성' 을 특징으로 하고 있기는 하지만, 인쇄체인 출판물과 같은 정도의 '신뢰성' 을 갖는다고 보기는 어렵다. 따라서 명예훼손에 있어서 사실에 대한 '신뢰성' 도 명예를 훼손하는 데 있어 중요한 변수가 되므로, 출판물과 달리 신뢰성을 갖지 못한 인터넷명예훼손죄가 '출판물에 의한 명예훼손죄' 보다 법정형이 높은 근거로는 설득력이 떨

26) 대판 1997.8.26, 97도133; 1998.10.9, 97도158

어진다고 할 수 있다.

인터넷음란정보유포(b)

인터넷음란정보유포란 정보통신망을 통하여 인터넷공간에서 음란정보(포르노그래피)를 유포하는 것을 말한다(정통망법 제44조의7 제1항 제1호). 이때 음란정보란 '음란한 부호 · 문언 · 음향 · 화상 또는 영상'을 말하며, 이러한 음란정보를 인터넷을 통하여 배포, 판매, 임대, 전시하는 경우, '1년 이하의 징역 또는 1천만원 이하의 벌금'에 처할 수 있다(정통망법 제74조 제1항 제2호). 이러한 인터넷음란정보유포는 2001년 1월 16일 정통망법 전부개정시 제65조 제2호의 벌칙규정에서 신설되었는데, 신설 당시 법정형은 '1년 이하의 징역 또는 1천만원 이하의 벌금'이었다. 그러나 2007년 1월 26일 일부개정을 통하여 불법정보에 대한 내용이 정통망법 제44조의7로 목록화되어 구체화되었다.

반면에 인터넷을 매개하지 않는 일반음란물유포는 '음란한 도서, 도화, 필름 기타 물건을 반포, 판매, 임대, 전시, 상영'함으로써 성립하며, 1년 이하의 징역 또는 500만원 이하의 벌금에 처하도록 규정하고 있다(형법 제243조).

위의 법규정을 비교해보면 인터넷을 매개로 하고 있는 음란정보유포죄(인터넷음란정보유포)와 인터넷을 매개하지 않는 음란물유포죄(일반음란물유포)도 마찬가지로 인터넷을 매개하고 있는 인터넷음란정보유포가 가중되어 있음을 알 수 있다. 이러한 가중 또한 인터넷 매체의 '전파성'을 근거로 한 침해범위의 확대에서 비롯되었다.

한편 인터넷음란정보유포죄와 비슷한 유형으로 '통신매체이용음란죄'가 있다. 이는 '자기 또는 다른 사람의 성적 욕망을 유발하거나 만족시킬 목적으로 전화 · 우편 · 컴퓨터 기타 통신매체를 통하여 성적 수치심이나 혐오감을 일으키는 말이나 음향, 글이나 도화, 영상 또는 물건을 상대방에게 도달하게 하는 경우'에 성립하게 되며, 이러한 경우에는 2년 이하의 징역 또는 500만원 이하의 벌금에 처하도록 규정하고 있다(성폭력특별법 제14조). 다시 말해 음란정보를 좀 더 구체화된 목적, 즉 '성적 욕망을 유발하거나 만족시킬 목적'을 갖고 정보통신매체를 이용하여 상대방에게 전송하는 경우를 말한다. 통신매체이용음란죄는 1997년 8월 22일 성폭력특별법의 제2차 개정 당시 '1년 이하의 징역 또는 300만원 이하의 벌금'으로 신설되었다. 그러다가 약 10년 뒤인 2006년 10월 27일 제11차 개정당시 법정형이 오늘날과 같은 '2년 이하의 징역 또는 500만원 이하'로 상향조정되었다. 이로써 통신매체이용음란행위의 법정형도 형법의 음란물유포행위 보다 가중되어 있음을 알 수 있다.

청소년유해표시위반 유해정보유포(c)

앞서 언급한 '음란정보유포'에서 그 '음란성'은 일반인에게 적용되는 개념이다. 그러나 이와 유사하기는 하지만, 일부 특정인에게만 정보전달이 제한되는 개념이 있는데, 바로 '청소년유해정보'이다. 즉 이들 정보는 일반 성인에게는 접근을 차단해야 할 필요는 없으나, 아직 미성숙한 청소년(만 19세 미만)에게는 유해 소지가 있으므로 상대적으로 차단할 필요에 의해서 금지하고 있는 정보를 말한다. 먼저 이러한 청소년유해물에 대해서는 청소년보호위원회와 각 심의기관에서 '청소년유해매체물'을 결정하도록 하고 있는데(청소년보호법 제10조 제1항), 구체적 내용으로는 다음을 들 수 있다.

- 청소년에게 성적인 욕구를 자극하는 선정적인 것이거나 음란한 것
- 청소년에게 포악성이나 범죄의 충동을 일으킬 수 있는 것
- 성폭력을 포함한 각종 형태의 폭력행사와 약물의 남용을 자극하거나 미화하는 것
- 청소년의 건전한 인격과 시민의식의 형성을 저해하는 반사회적 · 비윤리적인 것
- 기타 청소년의 정신적 · 신체적 건강에 명백히 해를 끼칠 우려가 있는 것

위의 내용을 지닌 청소년유해매체물은 비단 현실공간의 유체물만으로 한정된 것은 아니다. 따라서 청소년보호법에서는 그 범위를 확대하여 '전기통신을 통한 부호 · 문언 · 음향 또는 영상정보'(청소년보호법 제7조 제4호)의 경우에도 매체물로 포함하고 있다. 이로써 인터넷상에서의 유해정보도 이들 유해매체물에 해당하게 되며, 인터넷상의 청소년유해정보가 '청소년유해매체물' 임을 '표시' 하지 않고 '전기통신역무를 이용하여' 제공되는 경우에도(정통망법 제42조) 마찬가지로 2년 이하의 징역 또는 1천만원 이하의 벌금에 처하게 된다(정통망법 제73조 제1호). 이러한 청소년유해매체표시위반은 2001년 1월 16일 정통망법 제10차 전부

개정 당시 신설되었으며, 법정형은 지금까지 동일하다.

인터넷스토킹(d)

인터넷스토킹이란 정보통신망을 이용하는 스토킹을 말한다. 물론 스토킹을 독자적으로 규정하는 개별 법률은 아직 없다. 따라서 개념정립도 아직 되어 있지 않은 상태이다. 그동안 국회에서 여러 차례 '스토킹처벌에 관한 처벌특례법(안)' 이 상정되었으나 계속 통과하지는 못했다. 당시 법안에서는 스토킹을 '특정한 사람을 그 의사에 반하여 반복적으로 미행하거나 편지, 전화, 모사전송기, 컴퓨터통신 등을 통해 반복하여 일상적으로 말이나 글 또는 사진이나 그림을 전달함으로써 심각한 공포심이나 불안감을 유발하는 행위' (15대 국회 발안, 동법안 제2조)로 규정하였다. 그러나 이와 같은 내용을 금지하는 법률은 아직 제정되지 않았으며, 다만 이러한 스토킹의 일부 행위 유형에 대해서만 경범죄처벌법에서 규정하고 있다.

먼저 불안감을 조성하는 행위로서, '정당한 이유없이 길을 막거나 시비를 걸거나 주위에 모여들거나 뒤따르거나 또는 몹시 거칠게 겁을 주는 말 또는 행동으로 다른 사람을 불안하게 하거나 귀찮고 불쾌하게 한 사람 또는 여러 사람이 이용하거나 다니는 도로, 공원 등 공공장소에서 고의로 험악한 문신을 노출시켜 타인에게 혐오감을 주는' (제1조 제24호) 경우와 둘째, '정당한 이유없이 다른 사람에게 전화 또는 편지를 여러차례 되풀이하여 괴롭히는' (제1조 제53호) 경우를 스토킹의 일부 행위로 보아 10만원 이하의 벌금, 구류 또는 과료의 형으로 벌하고 있을 뿐이다.

이러한 경범죄처벌법의 '불안감조성(제1조 제24호)', '장난전화(제1

조 제53호)' 와 유사한 행위로 인터넷상에서 발생하는 경우로는, '인터넷 불법정보전달(정통망법 제44조의7)' 을 들 수 있는데, 즉 정보통신망을 통해 '공포심이나 불안감을 유발하는 부호 · 문언 · 음향 · 화상 또는 영상을 반복적으로' 전달하는 경우(제44조의7 제1항 제3호)에는 1년 이하의 징역 또는 1천만원 이하의 벌금에 처할 수 있다(정통망법 제74조 제1항).

위에서 보듯이, 스토킹과 같은 행위가 현실공간에서 발생하는 경우와 인터넷을 매개하여 발생하는 경우, 먼저 인터넷을 매개하지 않은 스토킹 유사행위에 대해서는 경범죄로 간주하면서 경미한 벌금에 처하는 반면, 인터넷을 이용하여 공포심이나 불안감유발 정보를 반복적으로 전달하는 스토킹유사행위에 대해서는 징역형(1년 이하)까지 처벌할 수 있도록 법정형이 가중되고 있음을 알 수 있다. 그러나 스토킹유사행위는 현실공간에서도 '경범죄' 로 다뤄지는 등 실제로는 범죄적 성격보다는 -앞서 범죄와 일탈행위의 구분에서 살펴보았듯이- 단순한 일탈행위적 성격이 강하다는 점을 알 수 있다. 이는 행위유형이 범죄로 간주할 만큼의 구체적인 법익침해를 보이고 있지 않기 때문으로 설명할 수 있다. 따라서 인터넷스토킹유사행위도 마찬가지로 실제 범죄로 간주할 수 있는, 형사처벌의 근거가 불분명한 비범죄적 일탈행위 성격이 강한 유형이라고 할 수 있다.

인터넷도박(e)

도박은 형법에서 금지하고 있는 범죄행위이다. 구체적으로 형법에서는 도박행위에 대해서 500만원 이하의 벌금 또는 과료로 처벌하고 있으며(형법 제246조 제1항), 상습도박의 경우에는 3년 이하의 징역 또는 2

천만원 이하의 벌금으로 가중처벌하고 있다(형법 제246조 제2항). 물론 일시적인 오락의 정도에 그치는 경우에는 처벌하지 않도록 예외규정을 두고 있다.[27] 이러한 도박행위는 오늘날 인터넷에서도 가능하게 되었으며, 그 숫자만도 기하급수적으로 증가하고 있고,[28] 최근에는 외국, 특히 미국에 서버를 두고 인터넷 도박사이트를 운영하는 사례가 늘고 있는 상황이다. 한편 이러한 도박사이트는 게임사이트와 구분하여야 하는데, 사이버머니라는 가상의 돈을 이용하는 게임사이트의 경우에는 앞서 언급한 오락정도에 그치는 기존의 게임적 성격이 강할 뿐이므로 도박과 차이가 있다. 반면에 도박사이트에서는 오락차원의 사이버머니를 넘어서 신용카드번호를 입력한 후 도박을 할 수 있도록 함으로써 재산상의 이익과 손실이 가능하다. 구체적인 방식으로는 '신용카드를 통해 칩을 구입하고 웹브라우저를 이용하여 게임하거나 또는 CD나 인터넷에서 전송받은 전용게임 에뮬레이터를 이용하여 게임하는 방식' 등이다.[29] 실제로 외국에서는 유명한 스포츠경기의 우승팀을 알아맞히는 내기도박사이트가 성행 중에 운영되고 있다.

이러한 인터넷도박행위에 대해서는 별도의 규정 없이 형법 제246조의 도박죄로 처벌이 가능하며, 상습적으로 도박을 하는 경우에도 마찬가지로 도박전과의 유무, 전력유무 또는 도박횟수 등을 고려하여 징역형(3년

---

27) 물론 과연 어느 경우를 '일시오락'으로 볼 것인지에 대해서는 의견다툼이 있다. 즉 재물의 근소성에 따라 판단해야 한다는 견해와 재물의 근소성에 덧붙여 행위자의 사회적 지위, 재산정도, 도박시간 및 장소, 도박으로 얻은 이익용도 등을 고려해야 한다는 견해로 크게 나눌 수 있다.

28) 하루 평균 6만 명, 최대 40만 명이 도박사이트에 접속하고 있다고 한다(전자신문, 2007.7.26).

29) 정완, 사이버도박의 사례와 대응, 수사연구 2001년 8월호.

이하 징역 또는 2천만원 이하 벌금)까지 가중처벌할 수 있다. 그밖에도 형법에서는 영리목적으로 도박을 개장하는 행위에 대해서도 3년 이하의 징역 또는 2천만원 이하의 벌금에 처하고 있는데(형법 제247조), 영리목적으로 인터넷에 도박사이트를 마련하여 운영하는 자에 대해서도 이 규정을 적용하여 처벌할 수 있다.[30)]

한편 인터넷도박죄 및 도박개장죄를 적용하기 위해서는 실제 도박자금이 거래되었다는 증거가 있어야 한다. 그러나 인터넷도박의 경우, 신용카드 또는 사이버머니를 이용하거나 온라인뱅킹을 이용한 자금이체의 방법을 이용하므로 자금거래를 파악하기가 실제로는 어려운 상황이다. 나아가 인터넷도박의 경우, 제한된 현실공간에서 도박을 행하는 일반 도박죄와 달리, 익명의 사람들이 전세계 각지에서 인터넷상의 수많은 사이트 가운데 한 사이트에 접속하여 도박을 행하므로, 이러한 모든 도박사이트를 감시하고, 통신망을 통해 전달되는 자금거래에 관한 데이터를 추적해 적발하기란 사실상 매우 어렵다는 현실적인 한계가 있다. 나아가 사이버 공간을 통해 거래가 매우 신속하게 이뤄지고, 도박정보를 암호화하여 전송하는 경우도 있으며, 또한 위장회사를 이용해 도박자금을 이전하는 등의 자금이전 방법이 점점 지능화되어 실제 자금추적은 갈수록 더욱 어려워지고 있는 실정이다.

---

30) 한편 영국에서는 2005년, 도박법에서 엄격한 요건 아래 온라인 도박을 허용하는 규제체계를 도입하였으나, 미국에서는 수년간의 논의가 있어왔지만 입법되지 못하였다가, 2006년에서야 '인터넷불법도박금지법' 을 통과시켰다고 한다. 그리고 미국에서는 이 금지법으로 금융기관으로 하여금 도박자금 결제를 차단토록 했다고 한다(전자신문, 2007.7.26).

인터넷저작권침해(f)

저작권이란 일반적으로 학문이나 예술 등에서의 독창적인 사상이나 감정표현 등의 정신적 창작물(예컨대 시, 소설, 잡지, 사진, 음원 등)을 보호의 대상으로 하는 권리를 말하는데, 이러한 보호대상이 되는 창작물은 이제 인터넷공간에서도 그 구현이 가능하게 되었다. 이로써 인터넷에서 구현되는 이러한 저작권 보호대상에 대한 침해가 발생하는 것을 인터넷저작권침해라 한다.[31)]

구체적으로 저작권침해행위는 저작권자의 허락 없이 저작물(예컨대 음원파일, 영화파일, 프로그램파일 등)을 인터넷공간을 이용하여 복제, 전송, 배포하는 것을 말하며, 이러한 행위를 하는 경우, 저작권법에서는 5년 이하의 징역 또는 5천만원 이하의 벌금에 처하거나 병과할 수 있도록 하는 등 중범죄로 다루고 있다(저작권법 제136조). 한편 이러한 저작권침해는 친고죄로서 피해자의 고소가 있어야 공소제기 할 수 있는데(동법 제140조), 현재 친고죄 규정에 대한 폐지의 목소리가 저작권자를 중심으로 더욱 높아지고 있다. 이러한 권리자의 요구를 일부 반영하여 실제로 2006년 12월 28일 저작권법 전부개정당시 친고죄 규정은 오늘날의 형

31) 나아가 오늘날 디지털기술의 발달로 최근에는 이러한 정신적 창작물이 디지털로 손쉽게 축적 가능해지고 더불어 이용 및 복제가능성이 높아짐에 따라 각종 분쟁이 급증하고 있는데, 이처럼 재산적 가치가 있는 정보저작권의 보호를 위해 새롭게 '新지식재산권'으로 분류되어 저작권보호를 받기도 한다. 이러한 新지식재산권의 대표적인 보호대상으로는 컴퓨터프로그램, 반도체 칩회로설계, 생명공학관련 데이터베이스, 영업비밀, 사이템, 사이버머니, 디지털화된 음원 등을 들 수 있는데, 이러한 新지식재산권은 기존의 산업재산권을 보호하는 특허법, 상표법, 실용신안법, 디자인보호법(구 의장법)과 그리고 저작권을 보호하는 저작권법 등으로 보호하기에는 다양한 한계가 존재하여, 별도의 법률을 제정하게 되었다.

태로 제한되었는데, 즉 영리목적이 있는 저작권침해의 경우에는 피해자의 고소가 없이도 공소제기가 가능하도록 처벌가능성을 확대하고 있는 추세이다.

2 컴퓨터범죄형 인터넷범죄

컴퓨터범죄형 인터넷범죄로는 인터넷사기(g), 인터넷비밀침해(h), 인터넷정보손괴(i) 등을 들 수 있다.

인터넷사기(g)

먼저 인터넷사기(internet fraud)란 정보통신망을 이용한 컴퓨터사기(computer fraud)를 말하는데, 정보통신망이 보급되지 않았던 1980년대 중반 이후 1990년대 초반에는 인터넷을 이용하지 않고 컴퓨터만을 매개로 부당이득을 취하는 형태인 '컴퓨터사기'가 발생하기 시작하였다. 이에 따라 우리 형법은 1995년 12월, 컴퓨터범죄 등 신종범죄를 형법으로 대처하기 위한 일부개정 당시 '컴퓨터 사용사기(형법 제347조의2)'를 신설하여, 컴퓨터 등의 정보처리장치에 허위의 정보 또는 부정한 명령을 입력 내지 변경하여 재산상의 이익을 취하는 경우에도 사기죄로 처벌할 수 있게 되었다.

그러나 오늘날 대부분의 컴퓨터 이용사기는 인터넷을 이용하여 정보통신망에 권한없이 침입하여 경제적 이익을 취하는 형태로 변화함에 따라 다시 인터넷범죄로 분류되게 되었다. 오늘날 인터넷의 편리함은 바로 인터넷을 이용한 거래의 편리함을 대표적으로 꼽을 수 있는데, 이에 따라 현재는 인터넷뱅킹, 온라인쇼핑몰 등의 온라인전자상거래가 활성화되었다. 따라서 해킹을 통해서 정당한 정보를 입수한 후 인터넷뱅킹을 이용하는 사람의 계좌에서 자신의 계좌로 예금이체를 하는 경우나, 옥션 등과 같은 인터넷 경매사이트나 기타 온라인상거래에서 대금이체후 물건에 대한 교부가 없는 경우 등 타인의 재산을 취득하는 등의 인터넷사기가 빈번하게 발생하고 있다. 이러한 인터넷사기는 별도의 독립된 규정은 없으며, 형법의 컴퓨터사용사기죄(제347조의2)가 적용되어, 10년 이하의 징역 또는 2천만원 이하의 벌금에 처할 수 있다.[32)]

한편 이러한 인터넷사기와 컴퓨터사기가 적용되는 컴퓨터사용사기죄(제347조의2)는 일반 사기(형법 제347조)와 법정형이 같다. 즉 일반범죄가 컴퓨터를 이용하여 발생하는 컴퓨터범죄의 경우에는 별도로 법정형이 가중되지 않는 형태를 보인다. 그리고 인터넷을 이용하나 별도의 처벌조문을 갖지 않는 '인터넷사기'와 같은 인터넷범죄의 경우에는 별도의 형량가중은 없는 것을 알 수 있다.

인터넷비밀침해(h)

인터넷비밀침해란 기존 신종범죄의 하나였던 '기술적 수단에 의한 비

---

32) 한편 애초부터 상품을 판매할 의사나 능력이 없음에도 금원을 편취할 목적으로 홈페이지나 가격비교사이트를 개설한다거나 스팸메일을 보내서 소비자를 기망하여 재산상의 이득을 취한 경우를 예로 들 수 있다. 이때 이러한 인터넷사이트 및 스팸메일은 사기의 결과로 나아가는 수단이 될 뿐, 컴퓨터사용사기(형법 제347조의2)의 객체는 되지 않는다. 그러나 형법상의 사기죄(형법 제347조)로 처벌받는다.

밀침해'(형법 제316조 제2항)에서 더 나아가 '정보통신망을 이용하여 타인의 비밀을 침해'(정통망법 제49조)하는 것을 말한다.

먼저 '기술적 수단에 의한 비밀침해죄'는 형법의 '비밀침해죄'(형법 제316조)에서 확대된 형태인데, 기존 비밀침해죄에서는 봉함 및 기타 비밀장치한 편지, 문서, 도화 등을 개봉하는 경우 적용받았다. 그러나 이제 디지털기술의 발달로 비밀은 기존 편지, 문서, 도화에서 녹음테이프, 녹음필름, 컴퓨터디스켓, CD디스켓, USB저장매체 등의 형태로 보관방법이 확대되게 되었으며, 이에 따라 이러한 전기적 · 자기적 기록이나 레이저를 이용한 광학적 기록도 보호할 필요가 대두하게 되었다. 그리고 '기술적 수단에 의한 비밀침해죄'는 컴퓨터범죄의 형법 신설 당시인 1995년 12월에 형법 제316조 제2항으로 신설되었다.

여기서 더 나아가 이제는 인터넷 이용이 일상생활화되었고, 이로부터 인터넷상의 비밀침해도 빈번하게 발생하게 되었다. 이에 '인터넷비밀침해'에 대해서 2001년 1월 16일 정통망법 전부개정당시 제49조에 신설되었으며, 정보통신망에 의해 타인의 비밀을 침해 · 도용, 누설하는 경우에는 5년 이하의 징역 또는 5천만원 이하의 벌금(정통망법 제71조 제6호)으로 중범죄로 처벌할 수 있게 되었다.

한편 위의 일반 비밀침해죄(형법 제316조 제1항)나 컴퓨터범죄로 간주되는 '기술적 수단에 의한 비밀침해죄'(형법 제316조 제2항)의 법정형은 3년 이하의 징역이나 금고 또는 500만원 이하의 벌금이다. 이에 비해 정통망법에서 규정하는 '인터넷비밀침해죄'의 경우 이들 기본범죄에 비해 법정형이 가중되어 있음을 알 수 있다. 이 또한 인터넷이라는 전파성을 근거로 하여 비밀침해의 피해가 더욱 크다는 점에서 비롯되었다.

그밖에도 인터넷 비밀침해는 통신비밀보호법에 의해서도 처벌받는다. 통신보호법에서는 '전기통신의 감청'을 금하고 있는데(통신비밀보호법 제3조 제1항), 이때 전기통신이란 '… 전자우편 · 회원제전보서비스 · 모사전송 · 무선호출 등과 같이 유선 · 광선 및 기타의 전자적 방식에 의하여 모든 종류의 음향 · 문언 · 부호 또는 영상을 송신하거나 수신' 하는 것으로 정의하고 있다(통신비밀보호법 제2조 제3호). 따라서 인터넷상의 전자우편의 내용을 지득하는 경우, 동법에 의해 적용을 받으며, 10년 이하의 징역과 5년 이하의 자격정지로 매우 중하게 처벌된다(통신비밀보호법 제16조 제1항 제1호).

인터넷정보손괴(i)

전자기록손괴란 정보통신망을 이용하여 전자기록 등의 특수매체기록을 훼손하는 것을 말한다. 먼저 이러한 전자기록손괴는 인터넷을 매개하지 않고도 발생할 수 있는데, 이에 따라 인터넷 이용 없이 데이터를 손괴하는 초기 형태에서는, 컴퓨터범죄로 분류하였다. 따라서 1990년대 중반 컴퓨터범죄를 형법으로 처벌하기 위한 형법 개정 당시(1995년 12월 29일) 기존의 손괴죄(형법 제366조)를 개정하여 '전자기록 등 특수매체기록'을 보충하여 전자기록손괴행위도 3년 이하의 징역 또는 700만원 이하의 벌금으로 처벌할 수 있게 되었다. 이로써 그동안 컴퓨터 등의 데이터가 훼손되어도 '재물 또는 문서'에 해당하지 않음으로써 형법으로 보호받지 못하던 어려움을 해결하게 되었다.

이러한 전자기록과 유사한 형태로 오늘날 인터넷에서 이용되는 정보를 들 수 있다. 인터넷 이용자가 기하급수적으로 증가하면서 이용되는 정보의 양적 팽창과 함께 질적 중요성도 커지게 되었다. 다만 이때 정보는 정보통신망에 의해 처리 · 보관 또는 전송 중인 정보로 제한되며(정통망법 제49조), 이러한 정보의 훼손시에는 5년 이하의 징역 또는 5천만원 이하의 벌금으로 중하게 처벌된다(정통망법 제71조 제6호).

정통망법에서 규정하고 있는 '인터넷정보손괴죄' 또한 형법에서 규정하고 있는 기존 컴퓨터범죄인 전자기록손괴죄에 비해 법정형이 가중되어 있다. 마찬가지로 피해범위의 확산을 근거로 한 것으로 이해될 수 있다.

3 신종 유형 인터넷범죄

신종범죄 유형으로서의 인터넷범죄로는 바이러스유포(j), 해킹(k), 스팸메일(l), 메일주소무단수집(m) 등을 들 수 있다. 이들 범죄유형은 정보통신망을 이용하여 발생하므로 정보통신망이 보급되기 이전에는 발생하지 않던 새로운 행위유형이다. 이로써 이들 신종 인터넷범죄 유형은 모두 정통망법에서 다루고 있다.

악성프로그램유포(j)

먼저 악성프로그램유포란 일반적으로 컴퓨터바이러스라고 불리는 프로그램을 유포하는 것을 말한다. 이러한 악성프로그램유포는 오늘날 대부분 인터넷을 통해 유포되고 감염된다. 위에서 살펴본 컴퓨터범죄 중 전자기록손괴(형법 제366조) 또한 오늘날에는 인터넷을 통한 이러한 악성 프로그램 감염으로 발생하는 경우가 빈번하게 되었다. 그리고 그 피해는 개인 당사자에게도 치명적인 침해가 될 뿐만 아니라, 대다수에게 감염이 전파되는 등 피해범위의 무차별적 확산에 따라 그 위험성이 증가하여 이에 정통망법에서는 2002년 12월 18일 일부개정 당시 '악성프로그램유포' 라는 별도의 처벌규정을 마련하게 되었다. 이에 따라 정보통신시스템, 데이터 또는 프로그램 등을 훼손, 멸실, 변경, 위조 또는 그 운용을 방해할 수 있는 악성프로그램을 전달 또는 유포하는 경우(정통망법 제48조 제2항), 5년 이하의 징역 또는 5천만원 이하의 벌금에 처할 수 있도록, 신설 당시부터 상당히 중한 범죄로 다루고 있다(정통망법 제71조 제4호).

물론 악성프로그램의 전달 또는 유포하는 행위 그 자체로부터 구체적인 침해가 발생하는 것은 아니다. 즉 악성프로그램유포는 이로 인한 자료훼손 또는 정보통신망에 대한 장애발생 등과 같은 구체적 법익침해의 전단계 행위라 할 수 있다. 따라서 실제 침해행위에 비해 아직 침해 발생 전단계의 행위는 상대적으로 경한 범죄나 또는 비범죄적 일탈행위로 간주할 수도 있다. 그러나 결과발생시의 피해의 중대성을 근거로 하여, 그 위험성으로부터 악성프로그램유포의 법정형은 5년 이하 징역 또는 5천만원 이하의 벌금이라는 중범죄로 높게 규정하였다. 그러나 '전자기록 등의 손괴죄' (형법 제366조, 3년이하 징역 또는 700만원이하 벌금)와 전자기록 등의 손괴로 정보처리장치에 장애를 통한 '업무방해죄' (형법 제314조 제2항, 5년 이하 징역 또는 1천500만원이하 벌금) 등의 구체적 침해행위에 비해서, 전단계행위에 대한 법정형이 지나치게 높게 규정된 것은 아닌지 다시 재고할 필요성이 있다고 보여진다.

해킹(k)

해킹(hacking)이란 컴퓨터를 이용하여 다른 사람의 정보처리장치 또는 정보처리시스템에 부당하게 침입하는 행위로 정의될 수 있다. 초기 해킹은 단순한 일탈행위였을 뿐 범죄행위는 아니었는데 50-60년대 행해진 해킹은 컴퓨터암호해독의 능력을 보여주기 위한 성취감일 뿐이었다. 그러나 이에 그치지 않고 정보통신망을 통하여 상대방의 컴퓨터에 저장된 중요한 데이터를 탐색하거나 시스템 장애 및 마비유발을 통해 컴퓨터 이용을 방해하는 것을 목적으로 한 해킹이 빈번하게 발생하게 되었고, 이에 따라 해킹은 오늘날 범죄로 간주하게 되었다.

해킹은 크게 둘로 분류될 수 있는데, 첫째는 해킹의 본래적 의미로서 다른 사람의 컴퓨터시스템에 단순히 침범하는 것이고(k), 둘째는 해킹을 수단으로 기존의 불법행위로 나아가는 형태를 말한다. 이로써 후자로는 다시 해킹을 통한 비밀침해(k − 1), 데이터삭제 등의 훼손(k − 2) 내지 변경(k − 3) 그리고 해킹을 통한 재산상의 이익취득(k − 4) 등을 대표적 예로 들 수 있다. 이처럼 해킹을 통한 침해의 다양성과 피해범위가 커지자 순수 해킹 그 자체(k)도 처벌해야할 필요성이 대두되어, 2001년 1월 16일 정통망법 전부개정 당시 제48조 제1항으로 신설되었다. 구체적으로는 '정당한 접근권한 없이 또는 허용된 접근권한을 초과하여 정보통신망에 침입'(정통망법 제48조 제1항)하는 행위를 말하며, 현재 법정형은 2001년 신설 당시 그대로 3년 이하의 징역 또는 3천만원 이하의 벌금이다(정통망법 제72조 제1항).

한편 해킹을 수단으로 하여 기존 범죄로 나아가는 후자의 유형을 살펴보면, 먼저 정보통신망을 이용하여 해킹을 통해 비밀을 침해 · 도용 또는 누설한 경우(k － 1)는 위에서 살펴본 인터넷비밀침해(h)에 해당할 수 있다. 따라서 정통망법 제49조의 적용을 받으며, 5년 이하의 징역 또는 5천만원 이하의 벌금(정통망법 제71조 제6호)으로 처벌된다. 둘째, 해킹을 통해 전자기록 등의 정보 및 자료를 훼손하는 경우(k － 2)에는 위에서 살펴본 인터넷정보손괴(i)로 적용가능하며, 셋째, 해킹을 통해 전자기록 등의 정보 및 자료를 변경하는 경우(k － 3)도 가능한데, 이러한 경우에는 1995년 형법개정으로 신설된 '전자기록위 · 변작죄' (형법제232조의2) 적용을 받을 수 있다. 넷째 해킹을 통해 재산상의 이익을 취득한 경우에는 (k － 4) '컴퓨터사용사기죄' (형법 제347조의2) 적용을 받을 수 있다.

스팸메일(l)

스팸메일(spam mail)이란 수신자가 원하지 않는 영리목적의 광고성 정보를 전자메일, 휴대폰, 유선전화, 팩스 등을 통해 일방적으로 전송하는 것을 말한다. 이러한 스팸메일은 현실세계인 물리공간에서 행해지는 광고전단지와 비슷한 기능을 하는데, 전자우편(e-mail)을 통해서 특정상품을 광고하거나 자사홈페이지를 홍보하는 등의 목적으로 이용된다. 자유시장경제체계인 우리나라에서 일정 정도의 광고는 대부분 허용되고 있다. 그러나 이러한 광고가 정보통신망과 결합함으로써 업무방해에 이를 정도가 되는 등 심각한 피해를 야기하게 되어 스팸메일에 대해서는 우리나라를 비롯하여 전세계적으로 법적 규제를 가하고 있다. 이러한 스팸메일은 문자로 된 단순메시지부터 영상, 이미지, 음악 등이 포함한 멀티미디어메시지(MMS, Multi-media Messaging Service), 그리고 음성전화 등을 통하여 행해지고 있다. 대표적으로는 수신취소메뉴가 없거나 또는 인증과정을 거쳐야 수신취소가 가능한 광고, 음란사이트 접속유인 광고, 피라미드식 사기광고 등을 들 수 있으며 이들 광고는 모두 법적 규제대상이 된다.

이러한 스팸메일에 대한 규제는 2002년 정통망법 개정으로 제50조에 '영리목적의 광고성 정보전송'으로 신설되었다. 즉 정통망법에서는 수신자의 명시적인 수신거부의사에 반하는 영리목적의 광고성 정보의 전송을 금하며(제50조 제1항), 나아가 수신자의 거부의사를 보다 더 쉽게 표명하고, 이러한 수신자의 거부의사 후 사후조치가 또한 쉽게 처리될 수 있도록 하기 위해 영리목적 광고성 정보 전송시 몇가지를 명시하도록 하고 있다. 첫째, 전송정보의 유형 및 주요내용 둘째, 전송자의 명칭 및 연락처 셋째, 전자우편의 경우 전자우편주소를 수집한 출처 넷째, 수신거부의 의사표시를 쉽게 할 수 있는 조치 및 방법 등이다(제50조 제2항). 이로써 우리나라는 수신자가 수신거부의사를 표시하기 전까지는 광고성메일을 전송할 수 있는 '옵트아웃(opt-out)'의 방식을 취하고 있음을 알 수 있다.[33)]

---

33) 반면에 옵트인(opt-in) 방식은 사전동의가 있었던 수신자에게만 광고성메일을 전송할 수 있도록 하는 것으로, 수신자의 사전동의없는 광고성메일의 전송을 금지하는 방식이다. 따라서 옵트인방식의 규제가 옵트아웃방식의 규제보다 훨씬 규제의 범위가 크다고 이해할 수 있다.

나아가 이러한 스팸메일 전송시에는 3천만원 이하의 과태료(정통망법 제76조 제1항)를 부과할 수 있을 뿐이다. 따라서 스팸메일전송은 엄밀히 말하면 아직까지는 우리나라에서 범죄가 아니다. 그러나 미국, 일본을 비롯한 대부분의 국가에서는 형사처벌의 대상이 됨으로써 범죄로 규정하고 있다. 따라서 우리나라에서 스팸메일이 아직은 범죄로 정의되고 있지는 않지만, 여전히 형사처벌의 가능성이 높은, 침해가 심각한 범죄적 성격을 갖는다고 할 수 있다. 물론 빈번해진 스팸메일에 대한 처벌의 요구가 높아지자 '불법행위내용의 광고성 정보'(정통망법 제50조의8)에 한해서, 1년 이하의 징역 또는 1천만원 이하의 벌금으로 처벌할 수 있도록 하는(정통망법 제74조 제1항 제6호) 규정을 2005년 12월 30일에 신설하기는 하였으나, 스팸메일로 인한 시간적 손실 및 정신적 피해가 큰 만큼 조속히 범죄로 다뤄져야 할 필요성이 큰 대표적인 유형이라고 할 수 있다.

메일주소무단수집(m)

인터넷을 통한 전자메일이 보편화되면서 위에서 살펴본 광고성 정보 전송, 즉 스팸메일의 발송이 매우 급증하였다. 그리고 이러한 전자메일을 통한 광고의 극대화를 노리기 위해 전자메일주소를 수집하려는 행위 또한 증가하였는데, 스팸메일로 인한 피해를 줄이기 위해 그 전 단계적 성격이 강한 '전자우편주소의 무단 수집행위'(정통망법 제50조의2)를 2002년 12월 18일에 신설하였다. 즉 인터넷홈페이지 운영자 또는 관리자의 사전동의 없이 자동으로 전자우편주소를 수집하거나(제1항), 수집된 전자우편주소를 판매 및 유통하거나(제2항), 이러한 사정을 알고 정보

전송에 이용하는 경우(제3항)에는, 현재 1년 이하의 징역 또는 1천만원 이하의 벌금(정통망법 제74조)에 처할 수 있다.

이로써 스팸메일로 이어질 수 있는 '전자우편주소의 무단수집'은 범죄로 다루면서 정작 스팸메일은 과태료에 그치는 등 처벌의 불균형이 남아있다. 한편 전자우편주소의 무단수집의 법정형은 신설 당시에는 벌금형(1천만원 이하의 벌금)만 가능하였다. 그러나 스팸발송으로 인한 피해를 최소화하기 위한 방법으로 스팸메일발송을 강력히 처벌하고자 하여, 2005년 12월 30일 법률을 개정하여 1년 이하의 징역 또는 1천만원 이하의 벌금에 처할 수 있도록 법정형을 상향조정하였다.

III
인터넷 환경과 범죄화

우리는 흔히 무언가 잘못을 저지른 사람에 대해 -나와 다른 사람으로 경계짓기 위해- 쉽게 '범죄자'라 부른다. 범죄자는 마치 나와는 다른 세상에 살고 있는 사람으로서 결코 나와는 섞여서는 안 되는, 나와 무관한 사람으로 취급하기를 원한다. 그런데 문제는 이러한 범죄자가 태어나면서부터 범죄자인 것이 아니라, 우리가 특정한 행위에 대해 '범죄'라 이름붙임으로써 그러한 행위를 행한 모두를 지칭할 수 있는 말이라는 점이다. 즉 너와 다른 내가 아닌, 너도 나도 흔히 행할 수 있는 행위를 '범죄'라 부르기 시작하면 나도 마찬가지로 '범죄자'가 되는 것이다.

이는 '범죄'가 절대적인 개념이 아닌, 시대를 반영하는 상대적인 개념이기 때문에 그러하며, 범죄를 규정하는 형법이 보호하는 법익 또한 고정된 것이 아닌, 시대에 따라 보호대상이 유동적인 개념이기 때문이다. 따라서 시대의 변화에 따라 새롭게 보호할 필요성은 있으나 과연 형벌을 통해 보호해야 할지, 아니면 일단 다른 제재수단부터 강구해야 할지를 고민하는 일은 '내'가 범죄자가 되지 않기 위해서라도 반드시 필요한 일이다. 즉 범죄는 일탈행위로 간주되는 다양한 행동양식 중에서 형벌 외의 다른 제재수단으로는 그 일탈행위를 방지할 수 없다는 사회적 합의가 최종적으로 이뤄지는 경우에 한하여, 형벌의 필요성이 대두되어 -일반형법이든 특별형법이든- 형법에 규정함으로써 일탈행위가 비로소 범죄화되는 절차를 갖는 것이다.

앞서 살펴본 인터넷범죄 대부분은 현재 '범죄'로 지칭되는 범죄적 일탈행위들이다. 이중에서 일부 인터넷범죄유형의 경우, 그 기본이 되는 범죄와 큰 차별성은 없다고 할 수 있다. 특히 가)의 일반범죄형 인터넷범죄의 경우가 그러한데, 범죄적 성격으로는 기존 일반범죄와 큰 차이점은 없다. 다만 전파성이 강한 인터넷 환경의 새로운 결합으로 인하여 피해범위의 확산을 근거로 가중처벌의 필요성을 갖고 정통망법이라는 특별형법으로 규제하고 있을 뿐이다. 그러나 일반범죄형 인터넷범죄의 개별 유형을 살펴보면 실제 인터넷을 통한 피해범위의 확산은 추정될 뿐이지, 입증가능한 사실은 아니다. 따라서 일반범죄유형에서 가중처벌할 경우에는 공통되는 '전파성'이라는 일반적인 특성을 형벌가중의 근거로 삼아서는 안되며, 각 개별 범죄유형마다 보호법익이 다르므로 각 보호법익이 과연 인터넷에서 더 심각한 침해를 받는지를 구체적으로 입증하여 판단하여야 한다. 그러나 대부분 형량이 가중된 근거가 분명히 제시되지 못하고 있는 상황이다. 나아가 특히 구체적 법익침해가 발생하기 전인 인터넷스토킹과 같은 경미한 범죄적 성격 내지 일탈행위적 성격이 강한 행위에 대해서는 바로 형사처벌이 필요한 범죄로 규정짓는 것이 바람직한 것인가는 다시 고민해야봐야 할 것이다.

두 번째 유형인 나)의 컴퓨터범죄형 인터넷범죄는 이미 1995년 형법 개정으로 형법에 규정된 컴퓨터범죄와 유사한 형태를 띠고 있다. 1995년 형법 개정 당시의 컴퓨터범죄 또한 1990년대 초반에는 신종범죄로서 그 피해의 심각성과 위험성이 오늘날 인터넷범죄 못지 않게 컸다고 할 수 있다. 그럼에도 특별형법의 독립된 형태가 아닌, 형법에 대부분 반영되었는데, 개별 컴퓨터범죄의 기본범죄유형과 마찬가지로 법정형은 그대로 동일하게 유지되었다. 그러나 이와 달리 정통망법에서 규정하고 있는 컴퓨터범죄형 인터넷범죄는 일반 형법에 비해 법정형이 가중되고 있다. 이 또한 마찬가지로 인터넷 환경의 전파성이라는 속성으로부터 그 피해범위의 확대를 근거로 하고 있는 것으로 보인다. 그러나 일반범죄형 컴퓨터범죄 유형들과 마찬가지로 가중처벌은 추상적인 판단에서가 아닌, 구체적인 근거로부터 부과되어야 한다.

세 번째 유형인 다)의 신종유형 인터넷범죄는 아직 채 범죄로 간주되지 않았던 새로운 일탈행위의 '범죄화'로 볼 수 있다. 그런데 이러한 인터넷상의 새로운 일탈행위는 오늘도 그리고 내일도 여전히 지속적으로 추가 발생할 것이며, 이는 정보통신기술이 발전하는 한 필연적으로 맞닥뜨려야 하는 '낯선 새로움'이다. 따라서 인터넷을 통한 다양한 생경스러운 이용행위는 일탈행위를 넘어 늘 범죄화로 지목될 길목에 놓여있다고 할 수 있다. 문제는 이러한 인터넷상에서의 생경스러움은 급속하게 우리의 일상생활 속으로 자리잡게 되며, 따라서 인터넷을 이용하는 일상생활과 범죄행위의 불분명한 경계로부터 범죄자는 자칫 일상생활속의 '내' 가 될 수도 있다는 점이다.

앞서 언급했듯이 범죄는 고정된 틀에 머물러 있는 것이 아닌, 사회적 합의로부터 시대를 반영함에 따라, 범죄라는 틀은 늘 바뀐다. 따라서 새로운 일탈행위인 인터넷을 이용한 일탈행위 또한 시대의 변화에 따라 범죄화될 가능성은 항상 남아있다. 문제는 그 '합의' 에 있으며, 그리고 '합의의 주체' 에 있다. 인터넷의 이용주체는 바로 인터넷이용자이다. 일반적으로 '일탈행위' 에 대해서는 공감을 필요로 하지만, '범죄' 에 대해서는 적법한 절차를 준수한 이용주체의 '합의' 가 필요하다. 우리나라에서 인터넷 환경의 발달은 점진적으로 이뤄진 다른 여타의 산업발전에 비해 다소 기형적(?)으로 급속도로 이뤄졌으며, 이에 따라 당혹스러운 다양한 일탈행위도 야기되었다. 그러나 현실공간에서 당혹스럽거나 생경한 일탈행위를 모두 형사처벌이 필요한 범죄로 간주하지는 않으며, 또한 그 일탈행위를 해소하기 위해서는 일정 정도의 시간을 두고 다양한 여러 수단을 강구한다. 이와 마찬가지로 인터넷공간에서 발생하는 다소 인상 찌푸리게 하는 일탈행위적 성격에 대해서도 이용주체의 합의를 도출하는 과정 없이 성급하게 범죄로 간주함으로써 이용을 제한하기 보다는 조금 기다리는 여유가 필요한 때가 아닌가도 싶다.

누구나 질서정연한 순백색의 깨끗한 도시환경을 원한다. 그 질서바른 클린환경을 위한 가장 빠르고 효과적인 방법은 작은 낙서에도, 그리고 길거리에 침뱉는 행위에도, 담뱃재를 터는 행위에도 형사제재를 가하는 것이다. 그러나 실제로 우리는 그렇게 요구하지 않는다. 왜냐하면 클린환경을 위해 포기해야 하는 자유의 가치가 훨씬 높다는 것을 잘 알기 때문이다. 따라서 순백색보다는 다소 지저분하고, 다소 무질서할지라도 타인에게 피해를 주지 않는 한 최대한의 자유를 누리기를 원한다. 다시 말해 타인에게 구체적인 법익침해를 가져오지 않는다면, 형법이라는 수단을 통해 '범죄'로 간주하기 보다는 다소 돌아가더라도 다른 제재수단을 강구함으로써 자유도 침범되지 않고, 일탈행위의 회복도 손쉬운 방법을 찾아야 한다. 이는 범죄화의 범주가 크면 클수록 우리가 누리는 자유의 범주가 반비례적으로 줄어들기 때문이다. 나아가 이러한 일탈행위의 해결책은 더 이상 하향식의 타율적 명령이 아닌, 인터넷이용의 주체자인 이용자의 자율적인 합의로부터 상향식으로 모색되어야 하지 않을까?

epilogue

인터넷시대, 이용자의 진화와 바람직한 규제환경

주제 1

2008년 5월 미국산 쇠고기 수입 파동으로 벌어진 사회적 갈등은 인터넷을 통해 먼저 표출되면서 여론 조성, 정책 참여, 정보 및 지식의 공유 등 각종 순기능은 물론 허위사실의 유포, 상대방에 대한 모욕 및 명예훼손, 이를 악용한 상업적 행위 등 부정적 기능까지 동시에 보여주면서 우리 사회에 인터넷이 얼마나 많은 부분에서 영향을 미치고 있는지 다시 한 번 확인시켜 주었다. 그렇다면 이번 사태가 인터넷 사회의 건강한 발전을 위해 제시하고 있는 시사점은 어떤 것들이 있겠는가?

배 영

최근 촛불집회는 집회방식이나 인터넷의 역할에 있어 예전과는 다른 양상을 보여주고 있다. 예컨대, 미선 · 효순 촛불집회에서의 인터넷은 커뮤니케이션의 채널로써 집회와 관련된 구체적인 정보를 주고받는 게시판의 의미가 컸다면, 현재는 정보의 원천(source)으로써 그 역할이 더 커진 것 같다. 인터넷을 통해서 다양한 정보를 얻는 것은 예전에도 이루어졌지만 하나의 사회적 이슈에 대해서 이만큼 폭발적인 정보의 양을 경험한 적은 없었던 것 같다. 물론 정답을 도출해내기 어려운 사안이기에 다양한 차원에서의 문제제기가 가능할 수 있다.

인터넷 이용자체가 일상에서 중요한 부분이 되면서 쇠고기 수입관련 사안에 대한 관심이 없어도 인터넷 이용을 통해 자연스럽게 관심을 가지게 된 부분도 클 것이다. 이슈에 대해 직접적이든 간접적이든 경험하게 만드는 채널 자체가 인터넷을 통해서 다양화되고, 내용 자체가 많아진 것이 예전과는 다른 면이라고 생각한다. 관련해서 인터넷이 가진 긍정, 부정적 측면은 예전과 비교했을 때 달라진 것은 별로 없는 것으로 보인다. 다만, 어떻게 측정해야 할지는 모르겠지만, '일상화' 라는 측면에 있어서 우리가 오프라인에서 경험하는 모든 일들이 사이버 공간에서도 그대로 체현되고 있다. 인터넷은 현실과의 경계라는 부분이 많이 없어진 공간으로 자리잡아가고 있는 것이다.

◉ 권헌영

옛날에는 인터넷이 국민들 중에서 특정 계층이나 특정 그룹에서만 사용하는 것이었지만, 지금은 인터넷 인구가 급격하게 늘어났고, 일상생활로 많이 들어왔기 때문에 인터넷의 여론 형성기능이 인터넷 바깥에서 이루어진 여론 형성기능과 별로 차이가 안 느껴지게 된 것 아닌가 싶다. 즉 인터넷이 특정 그룹을 대변하는 것이 아니라, 대한민국 사회공동체 전반의 여론형성 기능을 넘겨받고 있는 시점인 것이다. 앞으로 이런 현상은 더욱 심화될 것이고, 우리는 인터넷이 더욱 일상화되는 시점을 고려해야 한다. 조금 더 지나면, 모든 국민이 인터넷을 사용하는 네티즌으로 세대 교체가 되는 시절이 올 것이다. 즉 인터넷을 단순히 '대상화' 하던 시점에서 앞으로는 인터넷이 사회에 당연히 존재하는 공기 같은 것이라는 사실을 '전제' 로 하고 사회를 이야기하는 시점으로의 전환이 이루어질텐데 지금 그런 현상이 시작되고 있는 것이 아닌가 싶다.

◉ 배 영

그럼 네티즌이란 말이 없어질 수 있겠다.

◉ 권헌영

그렇다. 네티즌과 시티즌은 결국 같은 것이 되고, 인터넷이 시티즌십(Citizenship)을 더 강화하는 구조로 갈 것이다. 민주주의의 민주성, 국민주권성, 그리고 여론에 있어서 주체가 되는 힘을 더 강화시키기 때문에 인터넷은 민주주의의 좋은 툴(tool)이 될 수 있다고 생각한다.

◉ 홍승희

기본적으로 두 분의 '인터넷의 생활화' 말씀에 공감하며, 특히 배 교수님이 언급하신 인터넷의 기능변화, 즉 '커뮤니케이션 채널에서 정보의 근원으로' 의 변화에 조금 덧붙여 이야기하고 싶다.

인터넷은 정보의 근원이자 다른 한편으로는 '정보화의 과정'으로 이해되어야 한다. 즉 인터넷으로 정보의 인풋(input)과 아웃풋(output)은 있지만, 아웃풋된 정보는 인터넷으로 인풋된 수많은 정보가 서로 섞이고 깎여져 정보의 출처를 하나의 인풋된 정보에서 찾기 어려운 구조가 된다. 이렇게 볼 때 인터넷은 아웃풋된 정보의 논리적 추론이 다소 불투명한 박스와 비슷하다고 본다. 다시 말해 아웃풋된 정보 또한 최종적인 결론이 아니라, 결론으로 끝없이 치달아가는 과정에 불과한, 단지 현시점에서의 아웃풋된 정보로 이해해야 한다는 것이다.

이와 달리 현실공간에서 활자화된 정보는 그 출처를 분명히 남기고, 활자화되기 전에 이미 논리적인 검증과정을 거치기 때문에 활자화된 정보에 대해서 사람들은 인터넷정보 보다 훨씬 더 신뢰한다.

사람들은 처음 일차 인터넷정보에 대해 그대로 신뢰하지 않으며, 수차례의 재검색을 통해 정보에 대한 신뢰도를 높여가고, 그러한 경험을 통해 정보를 재창출하게 된다. 인터넷상의 정보는 진실과 허위를 밝히는 과정에 표류하고 있기 때문에, 일부 단면을 잘라 책임을 물을 수는 없다고 생각한다.

이러한 인터넷의 –정보화 진위과정– 기능은 오히려 건강한 사회발전을 위해 필요하다고 보이며, 일부 인터넷정보를 맹신하는 등의 모습은 건강한 기능을 인식해가는 진통이 아닐까 생각한다.

◉ 권헌영

쇠고기 파동을 통해 인터넷을 바라보는 관점에서 놓치면 안 되는 것은 사회공동체의 여론형성 기능을 담당하는 언론의 역할이다. 언론의 역할 중에 많은 것이 있지만 아젠다를 세팅하는 능력이 가장 크다고 할 수 있겠다. 특히 빅마우스인 언론매체가 아젠다를 세팅하는 기능은 강력하다. 이번 쇠고기 파동을 살펴보면, 쇠고기 파동이 인터넷에서 자체적으로 촉발되었는지, 아니면 다른 언론에서 촉발되었는지는 알 수 없다. 사실 기존 언론에서 촉발된 것이 먼저가 아닌가 싶다. 이명박 대통령이 미국 방문 후 쇠고기 이슈가 나오는 것에 대해서 기존 언론에서 상당히 비판적인 아젠다 세팅을 했다. 그때부터 기성언론에서 세팅된 아젠다에 대해서 인터넷을 통해 누구든지 무슨 이야기든지 할 수 있게 되면서, 새로운 정보가 나타나고, 여론형성 기능을 유감없이 보여준 케이스이다. 그러면서 인터넷에서의 이슈가 다시 기성언론에 영향을 끼치고, 기존 언론이 자신들의 위치를 재정립하고 논조를 바꾸어나가는 과정을 겪게 되었다. 또 인터넷은 이를 반영하여 논의가 진화되고 여론을 형성하는 과정을 겪게 되었다. 이걸 보면, 인터넷이 가지고 있는 힘이라고 하는 것은 인터넷 혼자서 스스로가 무언가를 해내가는 것이 아니고, 다른 여론 형성 기능을 가진 여러 매체하고 상호작용하고 있다는 생각이 든다. 결국 인터넷은 그냥 인터넷이지, 누구 편에 서 있는 것이 아니다. 이런 차원에서 인터넷을 바라보는 우리 시각을 중립화해 볼 필요가 있다.

◎ 황성기

이번 사례를 보면서 인터넷의 공론장으로서의 가능성과 관련하여, 폭발적인 파워를 내포하고 있다는 것을 느꼈다. 쇠고기 이슈가 우리생활 깊

숙이 들어와 있는 생활이슈와 결합했을 때 더 폭발적인 힘을 보여준다. 우려되는 것은 이것을 바라보는 시각의 차이다. 앞서 이야기한 것처럼 다양한 목소리가 다양한 채널에서 생성되어 인터넷은 게이트키핑 기능이 미비한데, 정부는 인터넷이 강한 게이트키핑 기능을 가진다는 전제를 가지고 인터넷을 규제하려는 편향된 시각을 가지고 있다는 점에서 시각의 간극을 확인할 수 있었고, 그런 점에서 씁쓸한 느낌을 지울 수 없다.

◉ **권헌영**

저는 사회가 건강하지 못해서 나타나는 문제들이 인터넷을 통해서 밖으로 투영되는 사건들을 지난 10년 동안 지켜 봐 왔다. 음란물을 잘 관리하지 못하는 것은 음란물을 찾아 들어가는 사회의 불건전성에서 문제를 해결해야 하는데, 인터넷에서 문제가 나타난다고 해서 인터넷을 통해서 음란물이 조장된다고 생각하는 것이 초창기 생각이었다. 사회에 다양한 의견이 존재하지 못한다는 것이 도리어 사회가 불건전하다는 것을 의미함을 인식하고 있으면서도, 사회에서 조금 남과 다른 의견을 가진 사람이 인터넷에 의견을 개진하면, 마치 반사회적인 불온통신 규제하듯이 '인터넷'을 취급하는 과정들도 곧 사회가 불건강하기 때문에 생긴 문제이다. 그런데, 사회의 불건강성에 대해서는 이야기하지 않고, 인터넷이 마치 이러한 불건정성을 새롭게 만들어낸 산물인 것처럼 호소하고 있다. 지금도 마찬가지이다. 소통에 관한 이야기를 말한다는 것은 진실된 마음으로 남에 대한 이해를 하고 존중해 나가는 것이고 이것이 민주주의의 원칙이라는 것을 우리가 다 알고 있으면서도, 그것을 진실되게 하려는 마음은 가지지 않고, '인터넷에는 진정성이 없는 이야기만 나타나고 있다. 그것이 문제다' 라고 이야기한다. 그러나 인터넷 이용률이 높지 않았던 시기에는 대다수 인터넷을 모르는 국민들을 향하여 사회의 불건강함을 인터넷의 책임으로 몰아갈 수 있지만, 지금은 인터넷을 탓한다고 해서 해결될 수 있는 문제가 아니다. 일상적인 삶에서 대다수의 사람들이 인터넷을 사용하고 있는데, 인터넷을 통해서 사회를 통제해보겠다는 것은 문제의 본질과는 다른 논의로 전개될 가능성이 높다. 사회가 불건강한데, 인터넷만 통제해서 해결될 문제가 아니다.

◉ **배 영**

인터넷의 중요한 역할은 다양한 시각이 존재함을 경험할 수 있고, 본인이 가지고 있는 생각에 대해 좀 더 유연해지면서 다른 사람의 생각에 대해서 관용의 폭을 더 크게 가질 수 있게 한다는 점이다. 예를 들어 타인의 블로그를 보면서 '이 사람은 이런 곳도 가는구나', '이 사람은 이렇게도 생각하는구나' 라는 생각이 자연스레 가능해진 것이다. 과거 70~80년대 우리 사회는 경제 발전, 민주화와 같은 큰 이야기에 사람의 관심이 집중되어 있었고, 우선 해결해야 하는 시급한 문제들이 산적해 있는 상황이었다. 지금은 거대담론의 틀에서 논의 필요성 문제가 해소되면서 우리 주변에 있는 작은 이야기, 소서사(小敍事)의 중요성이 커지게 된 것이다. 인터넷이라는 하나의 도구가 그런 생각과 상황들을 가시화하는 데 있어 중요한 역할을 했다.

그렇다면 이렇듯 상호 인정의 폭은 분명히 넓어졌는데, 공론장으로서의 인터넷은 왜 제대로 기능하지 못하는 것일까. 나는 이것이 겪어 나가는 과정이라고 생각한다. 인터넷이 제대로 자리 잡기 시작한 것이 10년 남짓 밖에 안되었는데, 그 안에서 문화적인 성숙을 한꺼번에 기대하는 것은 무리일 수 있다. 시간의 경과 속에서 이용자들이 경험하고 스스로 체득하게 되는 무언가가 있을 것이라고 생각한다. 인터넷의 영향과 역할에 대해 아직은 긍정 · 부정으로 재단 할 때는 아닌 듯하다.

◉ **권헌영**

공론 장으로서의 가능성은 인터넷 이용자에게 있다. 국민들이 핵심이지 인터넷 자체가 핵심인 것은 아니다. 긍정적 효과가 있다는 것을 믿고, 참고 기다려야 한다. 이것이 민주주의 원칙에 맞는 것이다. 그런데 부정적인 시각을 가진 사람들은 인터넷에서 의견이 한 쪽으로 쏠리고, 생각이 무르익지 않은 상태에서 행동으로까지 번져나가는 것이 우리사회에 긍정적인 효과를 가져올 수 있는가에 대해 의문을 가지고 있는 것 같다. 이런 입장을 가진 분들은 대부분 '네티즌들은 보호의 대상이다' 라는 생각을 가지고 있는 것으로 보인다. 즉, 네티즌들은 시민으로서의 소양이 부족하기 때문에 그 사람들의 인터넷 이용을 상당 수준 보호하고 건전한 방향으로 육성해야 한다는 생각을 가지고 있다. 이런 측면에서 보면, 인터넷 규제를 옹호하는 입장과 공론 장으로서 활성화라고 입장과는 서로 극명한 차이를 가지게 되는 것이다.

핵심은 '보호의 대상으로 국민을 볼 것이냐' 측면이 아닌, '국민을 권력의 주인으로 보고, 국민으로부터 견해가 도출되기 때문에 어떻게든지 의견을 모아서, 소통하면서 의사결정을 해 나가야 할 것이냐' 라는 문제로 부각시켜야 되는 것이다. 인터넷을 그런 차원에서 바라보면, 네티즌들에 대한 소양교육(인터넷이 어떤 곳이고, 인터넷에서의 활동은 어떤 의미를 가지고 있다 등)이 규제적 관점이 아닌 '시민육성적' 관점에서 우리 사회와 국가는 물론 인터넷 업계 등에서 활발히 이루어져야 한다고 생각한다.

◎ 황성기

촛불문화제 초창기에 중 · 고등학생이 대거 참여하는 현상들과 관련해서 청소년을 보호의 대상으로 생각하여 '청소년들이 공부해야 하는데 길거리로 나가냐' 라는 우려의 눈길과 '자발적인 참여이기 때문에 그들의 의견도 존중해야 한다' 라는 의견이 존재했다. 아동 권리에 관한 국제협약을 보면, 4대 원칙이 있는데 그 중 하나가 '아동참여원칙' 이 있다. 청소년들이 자발적으로 참여해서 자신의 의견을 자발적으로 표출하는 것을 당연한 인권으로 인정해야 하는데 아직까지 우리사회는 보호의 시선이 굉장히 강하다. 인터넷을 많이 이용하는 주류가 바로 10대, 20대이기 때문에 우리 사회가 인터넷을 이용하는 주체를 어떠한 시각으로 바라보는가와도 맥락을 같이 할 수 있겠다. 이러한 시각이 인터넷의 이념이라고 하는 참여, 공유의 가치와 얼마나 부합하느냐 라는 측면에서도 고민해 봐야 한다.

◎ 홍승희

인터넷의 쏠림현상에 대해 우려의 목소리도 높지만, 쏠림현상이 오히려 생동감 넘치는 인터넷 공론장의 기폭제 역할을 하며, 이로부터 건강한 토론문화를 지속시키는 힘이 되는 것 같다. 이때 이러한 쏠림현상을 일으키는 주체를 나와 다른 '너' 로 보는 잘못된 이해가 쏠림현상을 부정적으로 인식하게끔 하는 것이 아닐까? 쏠림기능을 긍정적으로 이해하면서, 이를 잘 활용해 그 주체를 '나' 로 전환하여 나의 의견을 건강한 공론장으로 끌어와야 할 것이다. 앞서 지적하셨듯이, 인터넷의 주이용자는 10대, 20대의 젊은 계층이고, 이들로부터 인터넷의 쏠림현상이 더욱 심화되고 있는 것이라 본다. 물론 이들의 가치판단이 아직 미완성이라고 할 수도 있지만, 아직 정치화되지 않은 젊은 그들의 의사표출은 누구보다 진솔하고, 이러한 자발적 의사표현의 경험은 향후 그들이 건전한 사회를 만들어 가는데 긍정적으로 작용하리라 생각한다.

◉ **권헌영**

질문을 하나 던지고 싶다. 인터넷에 배후가 있다? 인터넷에 배후가 있다면, 인터넷에서 정보소통을 누군가가 편집한다는 것인데, 그런 세력이 정말 있는 것인가? 또 기성언론과의 경계에 대해 생각해보면, 기성언론은 쇠고기 파동 발생 때의 첫 논지에서 시간이 흐르면서 바뀌어진 것들이 많고, 여론 주도에 대한 의도가 있었다. 즉 어떤 방식으로 우리 사회를 통합하고 여론 조장하겠다는 의도가 분명히 기성언론에는 있다. 편집권이 존재하지 않는 인터넷하고 기성언론이 맞붙을 때, 어떤 것이 더 공론장의 역할을 하겠는가?

◉ **배 영**

우리가 인터넷 공론장에 대해 뭔가 지나친 기대와 우려, 두 가지를 다 하고 있는 것 같다는 생각이 든다. 인터넷에서 이루어지는 공론장이 우리가 생각하는 이상적인 형태로 잘 이루어지는 사례도 있고 그 반대의 경우도 존재한다. 한마디로 일반화시키기 어렵다. 우선 필요한 것은 공론장으로서의 인터넷 기능을 마련하기 위해 모델이 될 수 있는 공론장이 가진 특성과 조건들을 살펴보는 좋을 것 같다. 사례에 대한 분석을 통해 성공과 실패의 원인, 잘 될때는 왜 잘 되는지, 즉 안될 때는 왜 안 되는지를 실질적으로 파악해보는 것이 우선 필요한 작업이라는 생각들이다.

◉ **권헌영**

인터넷은 그 자체가 여론을 형성하는 기능을 가진 것이 아니다. 인터넷은 그 자체가 '여론의 시장'이지, 여론을 형성하는 것이 아니다. 인터넷 그 자체로서는 언론성을 인정할 필요가 없다는 것이다. 우리 생활 전반에 인터넷이 다 들어왔는데, 인터넷이 다른 매체들과 경쟁하고 있는 것처럼 생각하면 안 된다. 인터넷은 그냥 우리가 존재하고 있는 세상이다.

◉ **배 영**

세 분이 공통적으로 말하는 것이 인터넷은 도구일 뿐이라는 점인 것 같다. 인터넷에서는 단순히 정부의 차원 관점뿐만 아니라 다양한 계층, 이해관계자들이 모여서 정책적 필터링이 이루어진다. 또 간접 민주주의가 강화되면 직접 민주주의에 좀 더 가까운 수정 민주주의가 되는데, 인터넷이 지금 그 기능을 하고 있는 것 아닌가 생각한다. 정치의 틀에서 보자면 인터넷이 유용한 도구가 될 수도 있는 것 같다.

◉ **홍승희**

건강한 사회란 너와 내가 다르다고 차별하는 것이 아닌, 다른 차이를 인정하는 사회일 것이다. 즉 다양성이 보장되어야 건강한 사회로 나아가게 된다. 이러한 건강한 사회의 전제가 되는 다양성을 강화하는 것이 바로 인터넷이라고 할 수 있다. 즉 인터넷은 다양화의 도구인 셈이다. 인터넷으로부터 다양한 의견을 수렴하고, 나아가 오프라인으로 다양한 행동들이 표출될 수도 있는 것이다. 이러한 행동표출 또한 다양화의 한 형태이므로, 이를 획일적인 잣대로 평가해서는 안 될 것이다. 예컨대 각종 인터넷 동호회(자동차, 전자제품 등)에서는 문제된 사안에 대해서 다양한 의견을 수렴해서 리콜이나 A/S를 요구하는 집단행동을 함으로써 문제를 관철하기도 한다. 이러한 인터넷동호회는 기업 입장에서는 상당히 부정적인 여론몰이로 생각할 수 있지만, 오히려 제품의 기술이 발전하는 소비자의 건강한 표출로 이해되고 있다. 마찬가지로 인터넷을 통한 다양한 의견개진과 행동화 또한 장기적으로는 건강한 사회를 만들어가는 힘이라고 생각한다.

◉ **권헌영**

이번 쇠고기 파동은 인터넷 자체가 문제라기보다는 정부의 무능을 이야기하는 것이다. 정부와 인터넷에 있는 네티즌 중 누가 더 여론을 주도

할 수 있나? 그야말로 정부이다. '정부가 이 쏠림 현상을 이성적으로 돌려놓을까(촛불집회가 비이성적이라고 가정했을 때)', '수입쇠고기를 관리해나가는 대신 FTA를 하는 것이 나을까?' 아니면 '검역조건 제대로 지키고 FTA 안 하는 것이 나을까?' 라는 논의를 이끌어서 이성적 차원으로 돌려놓는다면 문제점이 달라질 수 있다고 본다.

인터넷을 이용하는 사람들의 정치적 성향이 어떤가 하는 것이 우리 사회의 인터넷 규제에 관한 출발점이 될 것 같다. 인터넷을 이용하는 사람들은 대체적으로 진보적일 가능성이 높고 어린 계층의 사람이고 비교적 돈이 없는 즉 기득권층이 아닌 사람들이기 때문에 생각자체가 과격하고 위험할 수 있지 않느냐. 그렇기 때문에 인터넷에 대해서는 다양한 족쇄를 두는 것이 좋지 않겠느냐하는 정치적 입장이 있을 수 있다.

그런데 인터넷의 미래에 대해 생각해보면, 결국 모든 국민이 네티즌이 되는 것이 당연한 앞으로의 미래인데, 그런 미래에 대해서 우리가 더 건강하게 준비하는 방식으로 대응하지 않고 인터넷이 내 정치적 입장에서 어떤 점이 더 유리하고, 불리하니깐 '인터넷에 대해서 이런 입장으로 가야겠다' 라고 인터넷을 재단한다면 그것은 미래를 준비하는 정치세력으로서는 자격이 없는 것이라는 생각을 한다.

◉ 황성기

정부와 국민간의 커뮤니케이션 구조에 관한 문제라고 생각한다. 대의민주주의의 보완적인 의미에서 직접민주주의를 강화시키고, 시민들의 정치참여를 확대시키는 것이 의미 있지 않은가라는 측면에서 볼 때, 다른 나라와는 달리 한국에서는 왜 유독 게시판 문화가 활성화되어 있을까를 생각해 본다. 과거에 정부와 국민간의 커뮤니케이션은 굉장히 수직적이었다. 커뮤니케이션이 이루어지더라도 게이트키핑, 아젠다세팅 기능을 가지고 있는 매스 미디어를 통해서 표현되었지 다이렉트로 표출되지는 않았다. 그런데 인터넷이 등장하면서 기존의 커뮤니케이션 구조가 급격하게 와해되고 재편되는 과정을 겪게 되었다는 데에서 의미가 있다고 생각한다.

주제 2

인터넷 일탈행위에 대한 형법적 제재는 지속적으로 강화되고 있고 이를 지지하는 목소리 또한 많다. 그러나 최근 개정 저작권법에 따른 네티즌의 무차별적 피소에 대해 사회적 문제로 떠오르는 등 인터넷 상에 카페, 블로그, 댓글 등을 조금이라도 게시한 네티즌은 사실상 잠재적 범죄자가 될 가능성이 있는 것이 현실이다. 그렇다면 대부분의 인터넷 일탈행위를 범죄로 규정하고 있는 현재의 형법 적용이 시대를 반영하는 형법 본연의 취지에 맞는 것인가? 그리고 이러한 합의를 누가 파악할 수 있는 것인가?

◎ 황성기

사이버스페이스 자체는 현실세계(real world)와 완전히 다른 공간이 아니다. 또 다른 현실세계(real world)인 것이다. 그렇기 때문에 불법적 행위가 발생했을 때, 형법적으로 제재하는 것은 당연하다. 문제는 방법론이다. 사이버 공간과 오프라인 공간에 동일한 메커니즘이 작동되기에는 뭔가 다른 것이 있다. 그렇다면 다른 방법론의 메커니즘을 작동시키는 것이 필요하다고 본다. 예컨대, 미국의 저작권법(Digital Millenium Copyright Act: DMCA)을 만들 때 고안했던 방식, 즉 매개자를 통해서 저작권이 많이 침해되고 있는데, 이 경우 불만이 제기되면 삭제를 하는 일종의 절차를 통한 해결메커니즘을 고안한 것도 기존 오프라인과는 다른 메커니즘이 아닌가 싶다.

◉ **권헌영**

과잉규제는 우리사회의 두 가지 불건강성을 보여주고 있다고 생각한다. 하나는 우리사회 불건강성 때문에 생긴 문제인데, 제도가 형성되는 과정에 있어서 공론장에서 충분한 숙의과정이 없고 대중적으로 일어나는 문제를 그때그때 단기처방으로 대응하다 보니까 그 반대적인 부작용이 일어나는 상황이다. 즉 '제도화 과정에서의 민주성' 과 '논의의 심도가 부족한 우리사회의 불건강성', 다시 말해 법치주의의 불완전성이라고 할 수 있다.

두 번째로 우리 사회가 가진 타인의 권리침해에 대한 불건강성이다. 예를 들면 저작권 침해 문제와 관련해서 우리는 대체로 불법복제가 타인의 권리를 침해하는 것이라는 것을 알면서도 그에 대해 민주적 책임 있는 시민으로서의 행동을 하지 않는 불건강성을 가지고 있다. 도처에서 교재를 복사하고, 도처에서 음악을 복사하고 있었다. 그런데 그것이 인터넷에 반영되면서 거꾸로 어떤 현상이 나타났느냐 하면, 과거에 교재를 복사해서 생기는 저작권 침해에 관한 저자의 권리 행사는 굉장히 어려웠는데, 인터넷에서는 불법복제에 대해 단속이나 책임소재 판정 등이 쉬워지니까 저작권 침해자를 찾아 합의금을 요구하는 기 현상이 발생하고 있다. 합의하지 않으면 전과자를 엄청나게 많이 양산할 수밖에 없는 상황이다. 인터넷에서는 권리자가 가만히 앉아서 권리를 다 보호받을 수 있는 구조로 바뀌어나가는 상황도 있다. 이런 측면에서는 아이러니컬하게도 사회의 건강성을 인터넷이 더 높여주고 있다고 볼 수 있다. 실제로 합의금을 물어본 네티즌은 불법복제를 하는 확률이 현저히 낮게 나타난다.

저작권은 물론 각종 권리침해 구제제도를 인터넷에 도입하면서 인터넷을 과도하게 규제한다는 이른바 과잉규제에 대한 논의에서 보면, 인터넷을 일상에서 소중하게 사용하고 있는 사람들의 의견은 잘 반영이 안 된 채로 제도화가 이루어지는 특성을 가지고 있다. 그 문제를 극복할 필요성이 있다. 전과자를 양산할 수밖에 없는 구조인 현 상황을 생각해보면, 권리자가 가만히 앉아서 권리 보호를 받는 상황으로 바뀌고 있는데 이렇게 되면 권리남용의 문제가 발생한다. 실제로 자신의 권리를 보호하기 위하여 노력하기는커녕 어린 네티즌들이 저작권침해행위를 할 때까지 기다렸다가 이들을 포획하는 이른 바 '낚시'의 혐의도 있을 수 있다. 인터넷이 투명한 권리보호를 할 수 있는 환경을 제공함으로써 사회의 건강성을 높여주는 비전을 보여주고 있다면 이제는 인터넷을 통해 과잉규제가 일어나지 않도록 제도화 과정에서 변화된 환경을 반영하기 위해 자기 일상에 너무나도 소중하게 인터넷을 이용하고 있는 사람들의 의견에도 귀를 기울여야 한다.

◉ **홍승희**

역기능과 관련해서 앞서 두 분은 형사적 제재에 대한 긍정(다만 온·오프라인의 특성에 따른 방법론적인 지적)과 과잉규제에 대한 문제점을 이야기하셨는데, 저는 온라인시대에서 형법의 역할에 대해 이야기하겠다. 먼저 역기능이 발생한다고 해서 인터넷 자체를 없애는 것은 불가능하니, 일정 정도의 규제, 그리고 법적 규제도 필요하다는 데에는 공감한다. 형법 또한 사회과학의 하나이기 때문에 사회현상을 외면할 수 없으며, 인터넷을 통해 피해 받는 누군가가 있다면 이러한 침해행위를 범죄화하지 않을 수 없다. 그러나 인터넷에서 그 '피해'는 많은 경우, 객관적 기준에 의한 것이 아닌, 피해자의 자의적인 판단에 의한 경우가 많다. 그렇기 때문에 피해자의 주관적 피해에 대한 침해행위를 곧바로 '범죄'로 단정 짓는 것은 매우 위험하다고 할 수 있다. 인터넷의 역기능에는 일부 오프라인상에서 보여지는 범죄와 동가치적인 범죄행위도 있을 수 있지만, 범죄로 간주하기에는 모호한 단순한 일탈행위 또한 자리잡고 있기 때문이다. 따라서 인터넷을 통한 새로운 침해행위형태에 대해서는 먼저 이용자의 '합의'에 따른 형법적 제재가 필요한 범죄적 기준이 마련되어야 한다.

이러한 형법적 규제의 신중함은 '보충성'이라는 형법의 기본원칙에서 비롯되는데, 형법은 사회통제의 많은 수단 가운데 가장 마지막에 최후로 등장해야 하는 통제수단이기 때문이다. 그러나 최근에는 인터넷의 역기능성이 급속하게 부각되면서 규제에 있어 지나치게 형법적 제재수단에 의존하는 것 같다. 이는 형법의 최후수단성 원칙이 무너지고, 오히려 최고수단성으로 남용되어 가고 있는 것이 아닌가 하는 우려가 들게 한다.

그리고 역기능에 대한 형법의 적용은 다른 희생을 감수할 수밖에 없는데, 대표적인 것이 바로 '자유' 다. 인터넷에서 형법적 규제는 일반 시민의 자유를 일정 부분 제한할 수밖에 없다. 그렇기 때문에 인터넷의 질서를 위해 시민의 자유를 희생시키는 형법적 제재수단보다는 비교적 희생의 폭이 적은 다른 제재수단을 통한 질서확립이 강구되는 것이 더 바람직하다고 본다.

그리고 인터넷상에서 형사처벌이 가진 기본적인 한계는 형사소추가 선별적으로 이루어진다는 것이다. 동일한 행위를 했는데, 누구는 걸리고 누구는 안걸리게 되면, 걸린 소수의 사람은 운이 나빠 걸렸다고 생각할 뿐, 행위에 대한 반성을 기대하기란 어렵게 된다. 결국 안 걸리게 다시 행위를 할 가능성이 있다. 형사처벌의 불법성에 대한 기준이 하향식이 아닌 인터넷 이용자 중심으로 상향식으로 마련되어야 높은 효율성을 기대할 수 있을 것이다. 나아가 앞서 예를 들어주신 저작권법에서 형법은 경제적 이득을 챙기는 수단으로 전락하고 있는 현실을 볼 때, 이제부터라도 인터넷상에서 형법을 본연의 위치로 되돌려놓아야 할 시기가 아닌가 한다.

◉ 배 영

이야기를 들으면서 사회적 합의가 중요한 시점이라는 생각이 든다. 현 시점에서 인터넷을 대하는 두 가지 시각에 어떤 간극이 있는데, 시간이 지나면서 자연히 보정될 부분이 특정 시점에서는 현실적으로 피해가 발생할 수 있고, 이때 이것을 어떻게 우리가 규율해하고 나갈 것인가 하는 것이 중요해지는 것 같다.

◉ **홍승희**

합의가 이뤄지지 않는 것은 나와 다른 상대방을 인정하지 않는 데에 있는 것 같다. 즉 인터넷을 규제하고자 하는 사람들은 인터넷 이용자를 '계도' 해서 인터넷 질서를 바로 잡아야 한다고 생각하는 것이 문제라고 본다. 이용주체의 합의가 빠진 규제는 하향식의 전근대적 규제방식이다. 이제는 이용자 중심의 '합의' 를 통한 상향식 규제가 건강한 인터넷 질서 문화를 확립하기 위해서는 보다 더 효율적이지 않나 생각한다.

◉ **권헌영**

형사규제는 인터넷에서의 행위들을 어떻게 처리할 것인가를 결정하는 것이기 때문에, 그 문제들에 한해서는 행위의 주체인 국민들이 스스로 이런 행위는 처벌하는 것이 맞다고 하는 합의를 할 수 있도록 하는 게 중요하다. 결국 실질적 법치주의를 할 수 있어야 한다는 말이다. 스스로 결정하고 스스로 처벌 받도록 하는 것, 즉 자기 지배를 관철해야 하는데, 자신은 법을 만들 때 결정할 권한도 의견을 제시할 기회도 없이 무조건 남이 만든 대로 당하기만 한다는 생각이 많기 때문에 인터넷 분야에서는 '비대칭적 규제이다' , '우리한테는 안 맞는다' 라는 생각을 가져오는 것 같다. 역기능을 해소하려고 하는 사회적 메커니즘이 인터넷에서는 기존방식과는 다른 방식으로 적용된다. 오프라인에서 반사회적 행동을 하는 경우, 그 행위를 한 바로 그 사람, 즉 행위자를 대상으로 책임을 물었는데, 인터넷에서는 사업자가 매개해 주는 사이버 공간에서 반사회적 행위가 발생하니까, '인터넷에서 발생한 반사회적 행위에 대해서는 인터넷 사업자들을 통해서 손쉽게 규제목적을 달성해보자' 라는 접근이 이루어진다. 과연 이런 접근은 문제를 해결하고 있는가? 앞서 이야기한 법치주의, 민주주의의 완전성을 자꾸 헤치는 방식으로 이루어진다고 생각된다. 누군가가 대신 결정하고, 누군가가 대신 사회적 책임을 지고, 또 행위자인 나 혼자가 아니라 누군가와 같이 책임을 지고 이렇게 되니까, 행위자가 건강한 시민으로서, 네티즌으로서의 자리매김. 즉 나는 '책임 있는 행위자구나' 라는 관점으로 가지 않고, 자꾸 책임을 회피하는 형태로 가는 경향이 생긴다. 행위자가 그렇게 되다 보니깐 반대편에서는 행위자를 책임 있는 시민으로 대하지 않고 규제의 대상, 보호의 대상으로만 바라보게 되고 사회적 불건전성이 인터넷 문화에 더욱 안 좋은 경향으로 나타나는 악순환이 이어진다.

이런 문제를 해결하기 위해서는 인터넷에서 사업자나 정부의 간접적 책임을 지우는 형식보다 직접 행위자에 대한 책임을 좀 더 부각하는 방식이 더 좋겠다고 생각한다. 이러한 접근이 분명하게 드러나는 분야가 바로 저작권 문제이다. 저작권 문제 때문에 젊은이들이 강남에 있는 변호사를 방문하고, 내용증명을 받아보고 합의금을 계좌이체를 한 경우가 있는데, 이런 분들은 저작권법에 도통하게 된 사람들로 변했다. 어찌보면 건강한 네티즌과 건강한 시민으로 육성하는 가장 충격적인 요법이라고 할 수 있다. 이런 문제에 대해서 깊이 생각할 필요가 있다. 직접 행위자의 책임을 원칙으로 하고, 이를 보완하는 간접책임 방식을 자율규제의 방식으로 설계하면 더욱 바람직한 현상으로 전개될 것이다.

◉ **배 영**

지금 온라인이 하나의 세상이라고 이해한다면, 그 속에서 모두가 사회화의 과정을 공유하고 있는지가 중요할 것이다. 단순히 온라인과 오프라인의 비대칭성으로만 이야기하기에는 왜곡된 부분이 존재하기 때문에, 이런 부분에 대해서는 단기적인 측면에서의 처방도 필요할 것이다. 물론, 이런 단기적인 처방과 함께 중장기적 해결방안의 모색도 함께 이루어져야 할 것이다.

◉ **황성기**

예를 들면 오프라인에서 얌전한 사람이 인터넷에서는 늑대의 탈을 쓰는 것과 같은 '키보드 워리어'의 원인이 무엇일까? 혹자는 익명성이 문제라고 이야기한다. 익명성을 없애면 해결이 된다고 하는데, 과연 그럴까? 그 원인이 뭘까? 만약 그것이 규명된다면 단기적 · 중장기적 해결방안을 찾을 수 있을 것 같다.

◉ **권헌영**

심리적인 병리현상은 차치 하더라도, 이유는 단 하나로 볼 수 있을 것 같다. 사회의 일원으로 나가려면 20년을 공부해야 하는데, 인터넷은 아무 교육 없이 일단 쓴다. 인터넷에서 자신의 행위가 어떤 영향을 가지고 있고, 그것이 타인 또는 자신에게 어떤 결과를 초래한다는 사실을 일이 생겼을 때에만 급급하여 충격적으로만 가르치지 말고 사회가 꾸준히 대응해나가는 과정이 필요하다. 그런데 지금 이러한 단계가 비어 있다. 네티즌의 책임의식을 고취하고 인터넷에서의 사용 문화를 익히고 나서, 사이버공간에서 활동 하도록 하는 것을 국민 기초교육 중에 중요한 과목으로 만들어야 한다고 생각한다.

주제 3

현재 우리나라의 인터넷 규제시스템은 정작 이용자가 배제된 봉건제형 규제방식으로 일관되고 있다. 이는 규제당국의 권한 강화를, 동시에 포털로 대표되는 인터넷사업자의 권한을 강화시켜주는 아이러니한 상황이 발생하고 있다. 이러한 봉건제형 규제방식의 모순과 단점을 탈피할 수 있는 방법은 무엇인가?

◉ 황성기

규제자 입장에서 보면 딜레마에 빠질 수밖에 없다. 규제하는 측면에서는 매개하는 사람만 제재하면 손쉽게 규제된다는 편리한 규제방안을 떠올린다. 그러나 문제는 인터넷이 표현의 도구이자 공론장 형성의 기능을 이미 가지고 있는데, 과연 매개자만 규제했을 때, 어떤 결과를 가져올까를 떠올리면 우려되는 점들이 많이 있다. 이러한 맥락에서 규제정책의 딜레마는 분명히 존재한다. 이런 딜레마를 어떻게 해소할 것인가? 문제는 여전히 정부가 규제권한을 독점화하려는 유혹이 굉장히 강한 봉건제형 규제방식이라는 점이다. 규제시스템의 성격이나 본질을 바꿔볼 필요가 있다. 표현의 자유를 보장하는 인터넷의 특성을 고려해 볼 때, 기존과는 다른 규제시스템에 대해 고민할 수밖에 없다.

이런 맥락에서 벤치마킹할 수 있는 것이 2000년대 초반 유럽해서 나왔던 대안적 모델들, 예컨대 공동규제(co-regulatory system)를 생각해볼 수 있다. '공동규제라는 개념이 왜 나왔는가?' 를 추적해보면, 인터넷이 발생한 나라가 미국이고 현재 전 세계 콘텐츠 70~80% 이상이 미국 콘텐츠인데, 당연히 미국 산업이 달러를 벌어야 하므로 미국 정부는 정책적으로 무규제(non-regulation) 접근을 하게 되지만 유럽 쪽에서 보면 규제를 안 할 수가 없다. 이런 맥락에서 사전검열을 막음으로써 표현의 자유를 보장하고, 역기능을 나름대로 해소할 수 있는 방안이 무엇일까? 라는 고민의 결과 나온 시스템이 'Co-regulatory System', 즉 공동규제시스템이다.

1995년도에 영국에서 나온 'R3 proposal' 이 있는데, 여기서 R3는 Responsibility, Reporting, Rating을 말한다. 영국의 경찰청과 인터넷사업자협회가 일종의 MOU를 맺어서 나온 보고서가 R3 proposal인데, 여기에 기본적 철학이 다 나온다. 국가가 무엇이든지 다하려고 하지 말아야 한다는 것이다. 이는 정당성 측면뿐만이 아니라 효율성 측면에서도 문제가 있기 때문에 협력이 필요하다는 접근이다. 이런 맥락에서 공동규제, 자율규제를 강화하려는 방안에 대해 이야기한다.

자율규제를 구현하는 데는 4가지 장치가 있다. Internet Content Rating, Hotline, Code of Conduct(행동강령), 그리고 마지막이 미디어 리터러시이다('awareness' 라는 용어를 쓰기도 한다). 이러한 자율규제에서는 이용자 영역이 굉장히 중요한 축으로 작동하게 된다. 인터넷을 둘러싼 이해관계 영역이 정부영역과 민간영역으로 이원화할 수 있고, 민간영역은 다시 사업자 영역과 이용자 영역으로 나눌 수 있다. 이 세 가지 영역이 대등한 입장에서 참여해야 하고, 이것이 바로 co-regulation 시스템 안에서 가능하게 된다.

그런데 문제는 우리나라에서는 이러한 규제시스템으로의 재편이 가능할까라는 점이다. 우리나라는 여전히 정부가 규제를 독점하려는 성향이 강하다. 인터넷이야말로 이용자의 적극적이고 자발적인 참여를 기반으로 하고 있는 매체인데 과연 우리가 이용자 영역을 고려했느냐 이용자에 대한 배려가 있었느냐 라는 의문을 제기할 수 있다. 쉽게 말해서 "아이들 놀이터를 없애고 아파트 주차장을 만들려고 할 때, 왜 아이들 의견은 듣지 않고 어른들 마음대로 하느냐"의 문제와 같다. 동일한 맥락에서 인터넷의 주인공은 정부도 아니고 사업자도 아닌, 유저들인데, 왜 유저들의 의견이나 의사를 고려하지 않고 '자의적으로 규제시스템을 만들었느냐' 라는 맥락에서 우리나라 규제시스템의 문제를 생각해볼 수 있겠다.

◉ **배 영**

사이버 공간이 열리면서 만들어진 시스템 자체가 새로운 환경이라고 이야기 할수 있다. 인류 역사를 통해서 볼 때 사회가 형성되고 그 안에서 사람들이 상호작용을 하면서 제도라는 것들이 만들어지게 되었다. 그리고 제도가 변화해 가면서 복잡하지만 더 나은 환경이 가능해지는 것이 사회의 발전이라고 생각한다. 사이버 공간이라는 환경 자체도 그렇게 발전해 나가지 않을까하는, 조심스럽지만 긍정적인 차원에서 전망하고 싶다. 봉건제형 규제라는 것도 앞으로 변화를 겪어나갈 부분이라는 생각이 든다.

그렇다면 어떤 식의 공동규제가 가능할 수 있을까? 현재로서는 거버넌스 형태의 규제방식이 가장 현실적인 대안이 될 수 있을 것이다. 정부와 서비스업체, 이용자 간의 삼각관계를 중심으로 한 거버넌스 형태가 인터넷을 살려나갈 수 있는 상생의 기반이 되어야 할 것이다. 이때 발생하는 문제는 정부나 업체들은 주체가 명확한데 비해 이용자 같은 경우에는 그들이 누구인지가 불명확하기 때문에 거버넌스 구성 자체가 어렵다는 것이다. 현재는 시민단체를 중심으로 이용자 파트를 대의(代議)하고 있지만 그들이 이용자를 대표한다고 보기에도 어려움이 크다. 이용자가 누군지 정확히 모른다는 것은 이용자의 성향이나 각자의 생각자체가 워낙 넓은 스펙트럼에 다양한 사람들이 존재하고 있기 때문이다. 현재 여러 포털에서도 이용자 위원회와 같은 옴브즈만제도를 마련하고 있기에 이런 부분이 경험적으로 축적되면서 '대표성' 문제를 해결할 수 있는 노하우가 생기지 않을까 기대한다. 시행착오를 겪으면서 나타나는 대안들이 봉건제형 규제시스템 자체에 대한 반성의 이야기들과 결합되면서 거버넌스 형태의 규제시스템으로 변화해나가는 것이 올바른 방향이라 생각된다. 현재 상황 속에 나타나는 것만을 기준으로 속단하기는 이르다는 말을 하고 싶고, 긍정적인 희망의 끈을 놓아서는 안 된다는 생각이 든다.

◉ 홍승희

봉건제형 규제방식의 탈피가 핵심이라는 이야기인데, 봉건제형 규제방식에서는 권력을 가지고 있는 국가가 스스로 내놓기 전까지는 바꿀 수 없는 규제방식이 아닌가? 먼저 정부가 현재 정부 중심의 규제권한을 민간에게 공동으로 또는 이양을 해야 연방 규제가 가능해 지는데, 그러한 의사가 없다면 어떻게 될까?

◉ **배 영**

시간의 경과에 따라서 그것이 효과적이지 않았다는 것이 정책의 실패로 나타날 것이다. 그 다음에 깨닫지 않을까 싶다. 반대로 봉건제형 규제가 효과적이라면, 그것 또한 살기좋은 인터넷을 가져올 수 있는 것이다. 지금 어떤 예단을 가지고 이야기하기는 어렵다.

단기적이고 실천적인 대책이 명확하게 제시되어야 하지 않을까? 정부, 이용자, 사업자 각각에 별도로 책임을 지우기보다는 사회적으로 협의를 통해 바람직한 가이드라인을 잡아주어야 한다고 본다. 이는 거버넌스라는 틀을 통해서 함께 풀어갈 수 있을 것으로 생각한다.

법이 가지고 있는 효과나 역할이 무엇일까? 행동에 있어서 실질적인 행동기준이나 처벌의 기준이기도 하지만, 이보다 더 중요한 기능은 법이 존재로 인해 가능할 수 있는 사전 예방의 기능이라 본다. 일단 법이 성립되어 있다면 법위반 사례에 대해서는 보다 신속정확하게 집행이 이루어져야 한다. 예를 들어 저작권과 관련해서도 실질적인 법의 집행이 이루어졌기 때문에 관련 효과가 더 크게 발생한 것이다.

◉ **권헌영**

규제방식을 어떤 방식으로 설계할 것인가의 문제에 대해서 로렌스 레식 교수가 코드라는 책에서 밝힌 것처럼, 사이버 공간에서 '행위를 규제하는 것은 기술적으로 어떻게 설계하는가인 'architecture', '법규범', 사회규범인 'norm'(예컨대, 채팅방에서 나갈 때는 공손히 인시하고 간다 등), 그 다음이 '시장(market)'의 역할이다. 인터넷 규제에서는 위의 4가지 요소(architecture, law, norm, market)가 모두 협력적으로 운영되어야지 실제적으로 원하는 규제, 규율성과를 얻을 수 있다고 말하고 있다. 무엇이 더 실효적인가에 대해서 충분히 논의하면 우리 사회가 건강한 건데, 사회가 건강하지 않으니 '가장 좋고 편한 방법인 법으로 강력하게 규제할 수 있는 것이 봉건제형 규제'라고 거짓말하는 것이다. 규제자와 피규제자가 서로 주인이 아니고 같이 논의할 수 있는 상황이 아닌 사회의 불건강성이 여전히 나타나 있다. 협력적 규율모델을 만들어야 한다는 것은 어떤 규범을 가지고 이 문제를 대응할 것이냐로 이야기가 다양화되어야 하는데, 우리는 법규범에만 매달리면서 다양한 규범의 존재가능성과 협력 가능성을 논의하지 못하는 데 문제가 있다고 할 수 있겠다. 법을 강력하게 과잉규제 형식으로 법규범을 정립해왔고, 인터넷의 특성과는 상관없이 법규범을 설정해 두고선 '걸리기만 해봐라'라고 벼르고 있다. 규제의 합리성과 투명성은 물론 실효성도 불명확한 경우가 많고 굳이 법규범에 의하지 않아도 될 사항도 법규범화 한 경우도 있다. 논의가 충분하지 못했던 탓일 것이다. 행위규범을 설정하는 데 어려움을 겪다 보니 인터넷 사업자에게 이것도 해라. 저것도 해라고 이른바 '행정적 규제방식'을 많이 쓰고 있다. 가장 큰 센 규제는 형사규제, 그 다음이 행정규제, 그 다음이 정치규제이고, 또 돈을 뺏는 규제도 있기도 하다. 그런데 사실은 자율규제가 일어나고 사회가 다양화되고 우리 논의가 촉발되려면 제일 강한 몽둥이는 잘 안 써야 한다. 그런데 갑자기 들어와서 '다 잡아들여' 하면 더 이상의 논의는 필요 없어지게 된다. 이런 방식은 대증적으로는 효과가 있지만, 건강한 것이라고 할 수는 없다. 그러므로 단계적으로 규율 수단을 가장 합리적이고 사회적으로 비용이 덜 드는 방식의 내용을 세팅하는 것이 앞의 토론자께서 이야기하시는 협력적 모델, 공동 규제를 이야기하는 것이 아닌가 싶다. 협력적 모델을 만드는 것에 대한 논의 자체가 실질적으로 이루어지지 않는 점이 우리가 가지고 있는 가장 큰 문제이다.

◉ 배 영

이 작업에 참여하기 전까지 내 생각 속에는 은연 중에 사이버공간을 열려진 가능성이 존재하는 새롭고 자유로운 공간이라는 이념형이 지배하고 있었던 것 같다. 그런데 여러 이슈 중에서도 카페 독재(카페 마스터가 커뮤니티를 회원들의 동의없이 중요한 사안을 결정하고, 양도를 통해 금전적 이득을 취하는 등의 일련 사태)가 일어나고 있는 것을 보면서 우리가 현실에서 겪고 있는 현상이 그대로 투영되는 공간이라는 생각이 들었다. 온라인과 오프라인의 경계가 소멸되었다는 이야기도 많이 하지만 지금 우리가 현실에서 하고 있는 고민이 그대로 나타나고 있다는 점에서 좀 더 현실적인 차원에서 사이버 공간을 바라볼 필요가 있다는 생각이 든다. 앞으로도 오프라인에서 우리가 겪어왔던 역사적인 경험들이 온라인에도 비슷한 양상 속에 나타날 것이고 오프라인에서의 경험들이 온라인의 문제해결에 있어 시행착오를 줄일 수 있는 기재가 되지 않을까하는 기대도

해보게 된다. 한마디로 사이버 공간이 온라인과는 별도의 '또 다른 세상(another world)' 이 아닌 '또 하나의 현실 세계(another real world)' 라는 생각이 든다.

◎ 권헌영

토론을 통해 우리가 한국사회에 대한 애정을 가져야 하고, 인터넷에 대한 이야기는 우리의 인터넷에 대한 인식을 같은 선상에 놓고 같이 출발하는 계기가 된 것이 아닌가라고 생각한다. 우리사회에서의 가장 큰 문제점은 대한민국이라는 국가공동체 주인이 국민인데, 국가공동체 의사결정에서 국민이 늘상 배제되는 것이 대한민국이 가지고 있는 어려움 중에 하나이다. 대한민국이라는 경제공동체라는 시장에서는 소비자가 가장 중요한 의사결정의 주체가 되어야 하는데도 불구하고 늘상 소비자는 배제되어 왔다는 점이 실질적으로 큰 문제라고 본다. 똑같은 방식으로 투영된 인터넷에 관한 의사결정에 있어서 가장 중요한 주체가 바로 네티즌인데, 늘상 배제되어 있는 것이 바로 네티즌이라는 것이 문제이다. 우리나라는 나라에 국민이 없고, 시장에 소비자가 없고, 인터넷에 네티즌이 없는 불건강성이 있다. 이제는 우리가 인터넷에서 뿐만 아니라 국가나 시장도 선진화가 되어야 할 시점이다. 선진국이 되려면 그에 걸맞은 건강성을 회복하여야 한다. 그리고 그런 건강성을 갖추는 데 국력이나 사회 여론을 결집해나가야 한다. 이것은 힘들고 어려운 일이 되겠지만, '국가를 국민에게 시장을 소비자에게 인터넷을 네티즌에게 돌려주는 일(Nation-Citizen. Market-Consumer. Internet-Netizen)' 로 출발할 수 있을 것이다. 어려운 일이지만 지금이 그 일을 해야 할 때다.

◉ 황성기

내 원고 마지막에도 비슷한 맥락의 말이 있다. 다시 한번 외쳐본다. '우리의 놀이터를 다시 우리의 품으로!!' 앞서 말씀하신 것 중에서 오래 동안 사이버공간에 대해 고민하고, '또 다른 현실세계(another real world)' 가 아니겠느냐 라는 자기고백 이야기를 들으면서, 인터넷을 바라보는 '나의 정체성은 뭘까' 라고 생각하는 순간 떠오르는 문구는 '실현 불가능한 꿈을 간직하고 있는 리얼리스트(realist)가 되자' 라는 것이다. 항상 현실을 직시하면서도 동시에 항상 꿈을 품고 살아가자는 맥락이다. 어떻게 보면 이율배반적이지만 매우 의미 있는 문구라 생각한다. 이 시점에 이 말이 왜 떠올랐을까를 다시 한 번 생각해보면, 나는 인터넷의 가능성과 이념을 여전히 신뢰하고 있는 것 같다. 비록 인터넷은 'another real world' 이지만, 기존의 매스미디어가 주도했던 오프라인보다는 여전히 가능성이 크다고 생각하기 때문이다.

◉ 홍승희

다양한 전공분야의 교수님과 함께 고민한 이번 연구를 통해 보다 더 분명한 현실 인식과 새로운 문제해결책에 대한 공감대가 형성된 것 같다. 다만 우리의 고민이 조금은 추상적인 형상에 치우치지 않았나 하는 생각을 해본다. 좀 더 개별적이고 구체적인 사안을 놓고서 고민해보면 우리가 인식하지 못했던 문제들도 도출될 수 있고, 따라서 그 해결책 또한 좀 더 다양하게 모색되지 않았을까 하는 아쉬움이 남는다.

◉ **배 영**

본 토론을 통해 가장 의미 있는 것은 동일선상에서 바라보게 된 것이라 본다. 어쩌면 우리가 너무 거시적인 차원에서 지나치게 관념적으로 바라보았다고 할 수 있겠지만 그 관념조차도 너무 틀리게 바라보고 있었던 것 같다. 다 같이 눈감고 코끼리 만지면서 뭔가가 잡힐 것 같은데 하는 생각을 했고, 막상 부딪혀보면 서로 다른 이야기를 하고 있었던 것들을 함께 이해하면서 다 같이 공감대를 정립하는 데 큰 의미가 있었다고 생각한다. 토론해 주신 분 모두 수고 많으셨고, 이 토론을 읽어 주실 독자 여러분께도 미리 감사를 드린다.

ㄱ

ㄴ

ㄷ